跨境金融基础设施
现状和未来

乔依德 等 ◎著

中国出版集团
中译出版社

图书在版编目（CIP）数据

跨境金融基础设施：现状和未来 / 乔依德等著.
北京：中译出版社, 2024.6. -- ISBN 978-7-5001
-7946-7
Ⅰ. F831
中国国家版本馆 CIP 数据核字第 202403UP74 号

跨境金融基础设施：现状和未来

KUAJING JINRONG JICHU SHESHI: XIANZHUANG HE WEILAI

著　　者：乔依德 等
策划编辑：于　宇
责任编辑：于　宇
营销编辑：马　萱　钟筏童
出版发行：中译出版社
地　　址：北京市西城区新街口外大街 28 号 102 号楼 4 层
电　　话：（010）68002494（编辑部）
邮　　编：100088
电子邮箱：book@ctph.com.cn
网　　址：http://www.ctph.com.cn

印　　刷：固安华明印业有限公司
经　　销：新华书店
规　　格：710 mm×1000 mm　1/16
印　　张：14
字　　数：150 千字
版　　次：2024 年 6 月第 1 版
印　　次：2024 年 6 月第 1 次印刷

ISBN 978-7-5001-7946-7　　　　定价：79.00 元

版权所有　侵权必究
中译出版社

编委会

主　任：

乔依德　上海发展研究基金会副会长兼秘书长

成　员：

文春艳　上海发展研究基金会研究员

余　洋　上海发展研究基金会研究员

阚明昉　上海发展研究基金会研究员

许来宾　上海发展研究基金会特约研究员

前 言

金融基础设施有狭义和广义两个层面的定义。一般而言，狭义的金融基础设施是指为金融系统的正常运行和金融交易提供支持的基础设施和机构，包括但不限于支付系统、证券结算系统、中央托管系统、中央交易对手和交易数据库；广义的金融基础设施是指一个国家金融体系的基础，它包括使金融中介成为可能的所有机构、信息、技术、规则和标准[1]。狭义的金融基础设施是以物理实体为存在载体的，而广义的金融基础设施是实体的狭义金融基础设施与非实体的信息、技术、规则和标准的结合。本书讨论的金融基础设施主要基于狭义的概念。

金融基础设施相对于金融业务本身而言更容易被人忽视，但正是前者为后者的正常进行提供了条件，才维持了金融市场的正常运行。人们对金融基础设施的关注程度不够，在跨境（Cross-border）经济金融领域尤其如此。如国际贸易、对外投资、资本跨境流动等都需要跨境金融基础设施的支撑，但它们常常不被人们重视和关注。应该指出的是，这种被忽视的情况近年来已有了很大的改变。

就国内而言，主要是由于因特网通信技术（ICT）迅速发展并被应用在金融领域上，改变了金融领域的生态环境。这种改变首先体现在金融机构上，它们利用金融科技提高了客户服务、产品设计

I

和市场销售等方面的效率，但为人们感触最深的还是支付领域颠覆性的变化。人们现在通过使用移动通信设备，能够非常便利、迅速地进行金融支付和交易，这在以前是不可想象的。

跨境的情况略有所不同，技术进步的影响是间接表现出来的，全球金融危机、地缘政治等因素或它们带来的冲击引起人们对跨境金融基础设施的关注和重视。全球金融危机之后，源于对各个发达国家中央政府超发货币的不满，以比特币为代表的数字货币以及陆续出现的稳定币和央行数字货币（CBDC）应运而生，这对跨境支付产生了重大的影响。此外，美国滥用长臂管辖，影响了全球跨境金融基础设施的顺利运行。特别是在俄乌冲突爆发以后，美国等部分西方国家冻结了俄罗斯的外汇储备，切断其境外支付的主要渠道，这也加深了人们对跨境金融基础设施重要性的认识。

不管是出于何种原因，人们现在越来越重视跨境金融基础设施，这是不争的事实。跨境金融基础设施在整个国际经济交往、全球地缘政治变化中起着越来越重要的作用。

首先，跨境金融基础设施推动了国际贸易金融的发展。不难理解，国际货物和服务贸易需要跨境支付体系的支撑，跨境直接投资、证券投资、金融衍生品投资和其他投资等国际金融交易同样也需要支付、中央证券存管和结算、交易所等多种跨境金融基础设施的底层支持。

跨境金融基础设施的核心是跨境支付，而支付的核心渠道是遍布全球的代理银行。鉴于绝大多数代理银行都会使用环球银行金融电信协会（SWIFT）系统来传输跨境支付信息，SWIFT把系统内代理行报文的跨境支付金额编制成指数，用来衡量全球跨境支付交易规模。从2011年至2019年，这个指数增长了46%，而同期国际贸易从22.38万亿美元增至24.69万亿美元，增幅近10%。而在差不多同一时期国际金融交易增长了18%，从中可以看到全球跨境支付额与国际贸易和国际金融是密切相关的、互相促进的。如果没有跨境支付金额指数表现出来的跨境金融基础设施规模的增长，国际贸易、国际金融交易规模的两位数增长则是不可想象的。

其次，跨境金融基础设施构成了国际货币体系的必要支撑。国际货币体系是指不同经济体为了达到共同金融目标而形成、组织和建立起来的秩序，它包括货币之间如何兑换、储备资产主要构成、国际收支调节机制等要素。而跨境金融基础设施则可以保障外汇市场的平稳运行，支持跨境资本的流动，促进国际收支调整，提供有适度清偿能力的国际流动性。

跨境金融基础设施支撑着每一笔跨境外汇交易，通过基础设施的技术更迭，不断缩短交易的时间，提升交易的效率，降低交易的风险。例如，银行间跨境外汇交易基础设施持续联结清算（Continuous Linked Settlement）CLS通过协助多币种的结算服务，有效减轻外汇交易产生的结算风险，来保障外汇市场的平稳运行。

跨境资本的流动离不开各种规模和目的的跨境金融基础设施，尤其近年来，金融基础设施一体化为跨境资本流动提供了便利。如欧洲通过构建区域一体化的跨境金融基础设施资金清算平台（TARGET2）和证券结算系统（T2S），都为跨境资本流动提供更便利的设施。与此同时，越来越多的跨境金融基础设施互联互通，为跨境资本流动提供了新渠道。比如，2017年以来，我国陆续建设中日ETF互通、沪港通、深港通、沪伦通等一系列跨境金融基础设施。

在当今国际货币体系下，国际收支失衡主要通过汇率机制、利率机制、国际金融市场融通和国际货币基金组织协调等多元化方式进行调整，这其中离不开跨境金融基础设施的运作，后者支持着汇率、利率的调整，为国际金融市场融通提供服务，为国际货币基金组织的协调提供基础服务，比如为灵活信贷额度（FCL）、预防性和流动性额度（PLL）等工具提供基础设施，来满足实际和紧急的国际收支需求。

国际储备货币是国际货币体系的核心要素，它提供了清偿能力的国际流动性。在跨境金融基础设施保障跨境金融交易渠道通畅的前提下，国际储备货币才能够提供这种国际流动性，各国才可能相信和接受这种清偿能力。

如果说跨境金融基础设施在上述几方面的作用是通过金融体系或金融市场表现出来的，那么在涉及地缘政治时，它更多的是作为一个独立的主体凸显的。跨境金融基础设施的跨空间性使其在信息传输渠道、机构治理、域外适用等多维度都交织了地缘政治的复杂因素。

跨境金融交易离不开信息传输，SWIFT 这一跨境金融基础设施基本垄断了跨境金融信息传输渠道。美西方尤其是美国在 SWIFT 就拥有很大的影响力，相应地，它们在跨境信息传输领域获得更多的权力和利益。美国多番利用 SWIFT 实施金融制裁，剔除被制裁方的会员资格，删除后者的 SWIFT 代码，切断全球金融机构与目标国（机构）的信息交易渠道。比如，2017 年 SWIFT 就曾因美西方的政治压力而剔除 4 家不在联合国制裁名单上的朝鲜银行。鉴于 SWIFT 在跨境金融信息传输领域的重要地位，被删除 SWIFT 代码的国家会陷入困境，跨国金融交易效率下降，成本和风险上升，跨国金融交易的支付清算举步维艰，一些经贸活动被迫中止。

跨境金融基础设施内含最有效、最普遍、最具特色的金融交易规则，因而，跨境金融基础设施容易单独被作为长臂管辖的对象或美国国内法律的域外适用范围。以美国的金融制裁为例，其法律依据是美国的国内法——国会立法和总统颁布的行政命令，但其在全球范围内实施金融制裁的成功率非常高。据统计，1990年之后美国实施金融制裁成功的案例占比高达80%（Felbermayr et al.，2020）[2]。2012年7月，我国昆仑银行就因为伊朗而受到了美国的"二级制裁"，即针对"非美国实体"规避者实施制裁，几乎阻断了中国企业与伊朗进行经贸合作的资金渠道，对中伊两国正常的经贸合作造成了显著冲击。尤其值得关注的是，美国滥用其法律在跨境金融基础设施方面的域外适用，金融制裁"武器化"的趋势越来越明显。2022年3月美参议员向国会提报了《CURB CIPS法案（2022）》，该法案要求"对绕过SWIFT系统而使用中国CIPS系统及俄罗斯SPFS系统与俄金融机构开展清算、核算或结算交易的中国金融机构实施'二级制裁'"，这从本质上对我国金融安全构成了重大威胁。近年来，中美之间关系也处于历史低谷，在多个领域面临脱钩风险。2023年4月，美国白宫安全顾问沙利文在布鲁金斯学会的演讲中指出，美国并没有和中国"脱钩"的意愿，但要对中美关系"去风险化"。然而，"脱钩"跟"去风险化"本质上没有区别，只不过是口气更缓和一点儿，更圆滑一点儿。如果中美关系持续恶化，甚至爆发直接的冲突，这不仅对两国而言都是严重不利的，同时美国也有可能借助美元基础设施对中国实施制裁。总而言之，在当前地缘政治复杂多变的情况下，跨境金融基础设施的地位和影响值得关注。

当前，我国人民正按照党的二十大所指明的方向，为实现第二个百年的伟大目标而努力奋斗。高水平的对外开放和双循环新发展格局是实现这一伟大征程中的重要战略布局。

推行高水平的对外开放是指制度性的开放。具体来说，就是规则、规制、管理和标准等多方面与国际保持一致，甚至成为国际先行者。金融对外开放是高水平对外开放的一个重要组成部分，是双向开放。我国的金融业将进一步吸引国外的金融机构，同时我国的金融机构也将走出国门，为我国企业"走出去"服务，为"一带一路"服务。这样一种金融开放需要资金的双向流通，离不开跨境金融基础设施的支持。

对外循环是双循环格局中的一个重要组成部分，它包含了多方面的因素，包括人员、资本、技术、货物、商品等的内外交流，这些循环都离不开金融的支撑，也离不开跨境金融基础设施的支持。

我国国内的跨境金融基础设施建设起步较晚，参与全球金融基础设施建设的时间尚短、程度尚浅，目前还存在一系列短板。为了实现高水平的对外开放、落实双循环新发展格局，加强我国跨境金融基础设施建设是当前我们所面临的一项迫切任务。显然，推动我国金融高水平对外开放需要建成高水平跨境金融基础设施体系，后者也是下一步推动金融高质量发展工作的重点环节之一。2022年12月，中国人民银行发布《金融基础设施监督管理办法（征求意见稿）》，明确了我国管理金融基础设施的总体制度框架。该办法旨在健全金融基础设施准入管理，推动构建国内国际"双循环"的新发展格局，促进金融更好地服务实体经济。其中第十三条和第三十条是针对金融基础设施跨境业务的规定，强调跨境金融基础设施在我国提供跨境服务应具备准入资格并满足合规要求。

2023年底，我国中央金融工作会议旗帜鲜明地提出了"加快建设金融强国"的目标。针对这一目标，习近平总书记在省部级主要领导干部推动金融高质量发展专题研讨班开班式上提出，要逐步走出一条中国特色金融发展之路，并强调必须加快构建中国特色现代金融体系，其中一条便是要建设"自主可控安全高效的金融基础设施体系"，这是从中央层面对金融基础设施重要性的宣言，尤其是"自主可控"和"安全高效"八个字，既突出金融基础设施对我国实现金融高水平对外的重要性，又体现出以此应对当前纷繁复杂的国际形势的必要性。

综上，基于跨境金融基础设施从不被关注到引起人们重视的变化，本书阐述其对于全球金融以及地缘政治的作用，指出我国加强跨境金融基础设施建设的重要意义，这也正是我们启动编写本书的动因。

乔依德
2024年3月

目 录

第一章　跨境金融基础设施的定义和内涵

一、跨境金融基础设施的基本定义　　003

二、跨境金融基础设施的实质内涵　　005

第二章　跨境金融基础设施的形成历史

一、跨国市场主体在全球范围内推动跨境金融基础设施布局　　011

二、国际政府间的政经合作，为跨境金融基础设施发展创造了有利的制度环境　　018

三、金融监管在规范重塑跨境金融基础设施方面发挥越来越重要的作用　　024

第三章　当前全球主要的跨境金融基础设施

一、跨境金融基础设施类别　　　　　　　　　　　　033

二、全球跨境报文系统 SWIFT　　　　　　　　　　037

三、跨境支付清算基础设施　　　　　　　　　　　　040

四、银行间跨境外汇交易基础设施：银行间跨境外汇交易系统　083

五、跨境证券结算基础设施　　　　　　　　　　　　087

六、跨境衍生品交易基础设施：中央对手方　　　　　092

第四章　跨境金融基础设施的现状

一、跨境金融基础设施已成为市场发展不可或缺的基础支撑　097

二、跨境金融基础设施的主导权掌握在发达经济体手中　099

三、跨境金融基础设施供给主体的多元化　　　　　101

四、跨境金融基础设施的市场供给主体竞争在加剧　104

五、新型跨境金融基础设施成为促进金融包容性的重要抓手　107

六、当前跨境金融基础设施存在的问题　　　　　　108

第五章　全球跨境金融基础设施布局的演变趋势

一、全球化经贸格局重塑，跨境金融基础设施随之调整　115

二、地缘政治冲突不断，跨境金融基础设施局部断裂、碎片化 121

三、技术进步是持续推动跨境金融基础设施发展进化的动力源 132

》》》第六章 我国跨境金融基础设施建设的现状及发展必要性

一、我国跨境金融基础设施建设的现状　　　　　　169

二、我国发展跨境金融基础设施的必要性　　　　　　179

写在最后　　　　　　189
参考文献　　　　　　193

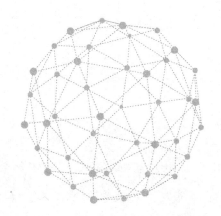

第一章

跨境金融基础设施的定义和内涵

跨境金融基础设施是国际金融市场的重要组成部分,在描述其发展历史和功能之前,本书首先对其定义和内涵作详细阐述。

一、跨境金融基础设施的基本定义

在谈论跨境金融基础设施之前,有必要先对一般意义上的金融基础设施(Financial Market Infrastructures,FMIs)进行描述。金融基础设施是金融市场的重要组成部分,被视为能够履行基本但至关重要的金融职能的社会技术系统(Verduyn et al.,2019)[3]。然而,以往我们在对宏观经济进行研究时,往往将金融基础设施视为理所当然和给定的,在一定程度上忽略了其重要性。2008年全球金融危机期间,金融基础设施在稳定全球金融市场方面发挥了关键作用,但也暴露出其存在内生性的短板和问题。从发展的视角来看,近年来互联网科技的快速发展也在改变着金融基础设施的效率和运行方式,金融服务业态正在发生快速的变革。同时,金融基础设施在地缘政治中也扮演着越来越重要的角色,背后蕴藏的权力和政治效应日益凸显,如在俄乌冲突中,环球银行金融电信协会(SWIFT)等金融基础设施被西方国家用于实施金融制裁。上述种种情况表明,不论是出于经济和金融市场稳定的需要,还是出于对国家安全的考虑,金融基础设施尤其是跨境金融基础设施对我们来说越来越重要。

为了更好地维护全球金融稳定、防范系统性金融风险,2008

年全球金融危机后监管层曾对金融基础设施这一概念有一个定义。该定义来源于2012年国际支付结算体系委员会（CPSS，现已更名为"支付与市场基础设施委员会"，CPMI）与国际证监会组织（IOSCO）共同发布的《金融市场基础设施原则》（PFMI）。具体而言，PFMI将金融基础设施定义为参与机构（包括系统运营商）之间进行清算、结算或记录支付、证券、衍生品或其他金融交易的多边系统。

从范围上来看，PFMI对金融基础设施的定义相对狭窄，主要适用于具有系统重要性影响的金融基础设施，包括中央交易对手（CCPs）、重要支付系统（PSs）、中央证券存管系统（CSDs）、证券结算系统（SSSs）和交易数据库（TRs）几类，而不包含诸如SWIFT等金融基础设施；从广义上讲，SWIFT是电讯信息传递系统，虽然不具备货币价值的结算和清算功能，但是跨境资金清算结算成功进行的关键中间信息传递方。从交易环节来看，PFMI基本上是将金融基础设施局限在交易后环节（杨涛 & 李鑫，2015）[4]，对交易前和交易中环节的金融基础设施关注不足。再者，PFMI聚焦于多边系统；从跨境的角度来看，双边跨境金融也是国际金融体系的重要组成部分，在区域经济快速发展和技术创新的推动下，近年来，双边跨境快速支付系统互联互通的案例日益增多。

总而言之，PFMI关于金融基础设施的定义是相对狭窄的，对金融基础设施的"跨境"属性强调不足。在经济金融全球化仍将继续推进、技术进步快速发展和全球地缘政策冲突不断的背景下，跨境型金融基础设施的重要性日益突出，也是本书研究的核心主体。因此，本书在PFMI对金融基础设施定义的基础上，进一步对跨境金融基础设施进行定义：跨境金融基础设施是指对支付、证券、衍生产品等金融行为或产品跨境进行或交易时进行结算、清算和记录的多边（双边）体系。从范畴上来讲，跨境金融基础设施不仅包括清算、结算等传统类型的跨境金融基础设施，也涵盖SWIFT这一跨境金融信息传递的基础设施，以及基于技术进步的新型跨境金融基础设施。从交易环节上来讲，跨境金融基础设施涵盖金融交易跨境的前端、后端等各个阶段的金融基础设施。从类型上来讲，跨境金融基础设施既包含大型多边体系，也包含各种类型的双边体系及区域体系。

二、跨境金融基础设施的实质内涵

跨境金融基础设施是国际金融市场的关键支柱，为各类市场行为主体提供跨境金融服务，涉及信贷、抵押、汇款、证券、支付等各个层面，其中，实现货币的跨境支付是其核心功能（Westermeier，2020）[5]。本质上，跨境金融基础设施可以被理解为"一种关系"（Bernards & Verduyn，2019）[6]或者"一种连接"，这种关系或连接最根本的特点是跨空间性，在此基础上，进一步发展出跨时间性、跨货币性和跨法域性。例如，不同货币在外汇交易设施下，实现双向互换，从而消费者能够通过跨境平台购买其他国家的商品，旅行者可以在环球旅行中，用国际信用卡巨头提供的银行卡在不同国家、不同时区顺利地消费。跨境金融基础设施将不同时区、不同货币、不同司法辖区的经济活动以某种特定方式联系在一起。在实际运行中，跨境金融基础设施的上述属性呈现出一系列的特性，了解这些特性有助于我们加深对跨境金融基础设施实质内涵的理解。

具体而言，跨境金融基础设施的跨空间性会产生明显的规模效应。对跨境交易商而言，其交易规模可明显扩大，将市场从国内扩展到全球，同时便捷、直接连通的金融基础设施，也能大幅降低跨境交易成本。跨时间性体现在跨境金融交易是在不同时区进行的。有一部分跨境金融基础设施如美元金融基础设施的运行时间是24小时，以保障不同时区之间的金融交易可以顺利进行，然而目前大部分的跨境金融基础设施连接运行仍有明显的时间缺口。跨货币性是指不同货币之间的转换和流通，国家间的跨境经贸往来都深深地依赖于不同货币之间的转换结算。同时，跨货币性也伴有一定的排他性，并非所有货币都有资格在目前运行的多边结算系统中进行结算，特别是欠发达国家，需要通过复杂的外汇换算流程才能参与到全球金融体系之中。跨法域性是指跨境金融基础设施参与的跨境金融活动会涉及不同司法管辖领域。在2000年以来的全球化浪潮下，不同司法管辖区的部分规则已经被统一和标准化，这使跨法域性给跨境金融基础设施运行带来的摩擦显著减少。2008年金融危机之后，各经济体监管机构对金融监管规则，尤其是场外衍生品监管的协同和一致化，或通过中间机制实现不同管辖区规则的兼容，如大量的跨境金融中介服务商提供的金融基础设施致力于实现不同管辖区规则的平滑。同时，全球监管机构致力于将统一的规则赋予跨境金融基础设施之上，以进行全球金融治理。例如，金融稳定委员会

（Financial Stability Board，FSB）通过 CCPs、PSs 等关键基础设施，顺利地将 PFMI 规则推广至各会员国，非会员国如若要深度融入全球金融体系，也势必接纳相关规则，并将之内化到其国内金融基础设施之中。然而，近年来在逆全球化思潮下，各国愈加重视金融安全问题，跨境金融基础设施的作用范围受到国家主权的限制，跨法域性带来的阻力有所增大。

第二章

跨境金融基础设施的形成历史

跨境金融基础设施原来并不存在，而是经济全球化、政府间政治经济合作、重大经济金融危机以及技术进步推动的产物。为了更全面地认知跨境金融基础设施，有必要先对其历史发展脉络进行归纳梳理，以借史观今。首先，在经济全球化的过程中，跨国公司/集团等市场主体发挥了关键的推动作用，跨国金融机构在这其中具有双重身份，一方面为实际跨境贸易提供金融服务，另一方面则是实现金融业自身的国际化发展，这两方面都离不开跨境金融基础设施的支持，也即金融基础设施随着市场主体的国际化而实现加速跨境安排。其次，20世纪80年代，在美国的推动下，全球经济自由化情绪高涨，政府间政经合作快速提升，地缘政治风险相对平稳，金融基础设施实现了大规模的横向或纵向跨境整合安排，形成了全球性安排和区域性安排的双格局。最后，危机和技术突破本质上都有不同程度的"破坏性"属性。2008年金融危机之后，跨境金融基础设施的重要性得到进一步重视，全球性监管也成为跨境金融基础设施再布局的重要变量。而大数据、人工智能等技术进步也使得传统跨境金融基础设施的运行逻辑和业态模式发生明显的改变，新型跨境金融基础设施已经成为市场的重要组成部分。同时，在技术进步视角下，如何更好地协调对跨境金融基础设施的监管也已经成为全球面临的共同问题。在上述三条主要脉络的推动下，跨境金融基础设施发展至今，已经成为全球持续发展演变不可或缺的部分。当然，这三条脉络不是相互独立和隔绝的，而是相互交织和影响的。

一、跨国市场主体在全球范围内推动跨境金融基础设施布局

从20世纪70年代，布雷顿森林体系解体以后，经济全球化得到快速发展，全球商品贸易额更是大幅上涨，这催生了对跨境金融基础设施的庞大需求。跨境交易主体是跨境金融基础设施的建设者和推动者，后者是前者实现跨境交易的具体载体。市场主体的不断进入和更迭，也推动跨境金融基础设施形式和功能的不断演变，这一过程在跨境支付基础设施领域尤为典型。在跨境支付领域，迄今为止至少已经有三种不同的跨境支付基础设施提供模式，即20世纪80年代的银行系统主导模式、20世纪70年代至2010年左右的全球性公司集团提供跨境支付基础设施模式和2010年以来技术驱动型公司推动的数字金融基础设施模式（Brandl & Dieterich, 2021）[7]。不论是跨国银行、全球性集团公司还是技术驱动型公司，其实质上都是跨境中介机构，通过不同形式的跨境金融基础设施提供信任，实现资金的跨境转换和移动。进一步，大型跨国银行的代理银行模式主要占据跨境批发交易市场，涉及的交易金额较大。而全球性公司集团的银行卡模式则主要主导着跨境零售支付领域，主要服务的对象是个人。科技公司推动的数字型跨境金融基础设施也

已经入局,从当前发展形式来看,主要服务领域是零售跨境业务及小额的企业跨境业务(见图 2-1)。

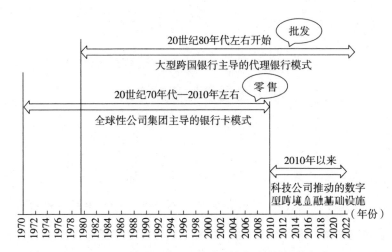

图 2-1 市场主体国际化推动跨境金融基础设施发展

资料来源:上海发展研究基金会绘制。

1. 大型跨国银行主导的代理银行关系跨境支付基础设施模式(20 世纪 80 年代)

跨境支付的历史源远流长,其工具和提供机构经历了从现金到非现金(如汇票)、从商业结构到金融机构,以及普通金融机构到专业化金融机构的发展和跨越,直到 19 世纪,代理银行(Correspondent Banking)成为跨境支付的主流模式,并延续至今(贺力平 & 赵鹬,2021)[8]。代理银行关系是隶属于不同国家的两家银行之间签订的双边协议,即如果一个国家的 A 银行想向另一个国家的 B 银行转账,这两个银行都需要在对方银行开立一个账户,这一机制打破了货币转移的国内闭环系统,银行可以将资金从一个国家的国内支付系统转移到另一个国家，实现资金的跨境转移。代理银行模式背后是资金和实力雄厚的大型跨国银行，其通过在不同国家设立分行或子公司，使得货币能够通过其内部网络实现跨境支付，从而形成一种新的闭环模式。

跨国银行代理银行模式的顺利施行，离不开配套的信息传输系统。20世纪70年代以前，电传网络①是跨国银行与海外银行进行沟通、实现资金转移的主要工具。但是受限于技术，电传网络信息传输量少，转输速度低。1973年，来自15个国家的239家银行共同开发了一种更好的媒介——环球银行金融电信协会（SWIFT），为全球范围内的支付数据建立了一种通用语言和模型，并成为与跨境交易相关的默认通信网络。很快，代理银行和SWIFT相结合的模式成为全球范围内跨境资金转移的主流方法，且其主导地位延续至今。

代理银行业务涵盖跨境支付、外汇交易和贸易服务三大支柱，超过11 000多家金融机构在100多万个双边代理银行关系中相互合作（Casu & Wandhöfer，2018）[9]。从交易类型来看，金融机构之间的批发支付是跨境支付的主要部分，通常是高价值/低交易量的银行间支付，且这部分通常通过代理银行进行（FSB，2021）[10]，这也进一步增强了代理银行的规模效应，市场主体机构也趋于集中，形成了寡头垄断的供给结构。从20世纪80年代至2010年左右，全球代理银行数量整体是上行的，受到2008年全球金融危机的影响，之后的总体数量开始下降，但截至目前，仍是全球批发跨境支付交易的主体，80%—90%的跨境支付仍是由代理银行完成的。

---

① 20世纪30年代初，德国邮政局开发了第一个大型电传打字机电传网络，实现了书面信息的电子传输。跨国银行利用它与海外同行进行沟通，以结算交易。

2. 全球性公司集团进入，提供基于银行卡的跨境支付基础设施模式（20 世纪 70 年代中后期至 2010 年左右）

大型跨国银行在经济全球化浪潮下快速打开了国际局面，并在批发跨境支付中占据了主导性的地位。20 世纪 70 年代中后期，全球性公司集团也开始入局，以国际信用卡为主导的跨境零售支付基础设施随之发展。信用卡最早兴起于美国，1958 年美国银行（VISA 的前身）推出了第一个面向美国中产阶级消费者和中小型商户的消费信用卡计划，VISA 信用卡初具雏形，这种以未来收入进行现时消费的模式很快得到消费者的青睐。随后，以美国为首的全球性银行卡支付巨头陆续进军全球跨境支付领域，以争取全球市场份额。很快，国际市场上形成了以 VISA、万事达卡、美国运通卡公司、JCB 信用卡公司、大莱信用卡公司等巨头主导的国际信用卡市场寡头垄断结构。这些国际信用卡巨头，具有强大的清算网络基础设施，连接海内外用户，并可提供多币种的清算与结算服务。这里需要进一步指出的是，国际信用卡组织可以进一步分为两类：一类是传统信用卡的单一公司组织，如美国运通卡公司、Diners 卡公司、JCB 卡公司等；另一类是双重金融机构的会员联盟机构，如 VISA、MasterCard。其中，美国运通等第一类组织集团是直接向公众发行卡，而 VISA、MasterCard 并不直接向公众发行卡，而是通过银行和信用合作社等合作伙伴成员金融机构发行卡。在控制货币兑换上，第一类信用卡组织机构由单独一家机构控制货币兑换，而 VISA 和 MasterCard 则都是由两家不同的金融机构及其银行卡组织控制货币兑换的过程。

全球性信用卡公司构建提供的基础设施主要集中在清算领域，为用户提供国际清算安排，但跨境资金的实际流动结算仍要依赖传统的代理银行系统，即信用卡公司提供的技术和组织基础设施连接竞争银行，并使它们能够交换数据（Stearns，2011）[11]，从而联合为跨境支付提供渠道。例如，VISA 的结算过程依赖于大通曼哈顿银行。从技术上讲，大通曼哈顿银行成为其代理银行或通过其子公司处理交易。也就是说，全球性信用卡公司和代理银行跨境模式之间既是相互依存关系，也是相互竞争关系。不过，由于代理银行模式下的银行跨境支付业务主要集中在批发领域，而信用卡公司提供的跨境支付业务主要集中在零售领域，即跨境业务主要集中在低价值/高频率领域。总体而言，代理银行和信用卡公司之间的互补强度相对强于竞争强度。

目前除了美国的 VISA、万事达卡 MasterCard、美国运通、大莱卡、JCB 等几家全球支付巨头深耕跨境支付领域外，中国的银联也已入局。这些跨境支付巨头们，除了持续在国际信用卡领域竞争，其业务也拓展到 B2B 等领域。例如 VISA 和 MasterCard 分别建立了 VISA B2B Connect 和 MasterCard Track 网络，赋能企业进行快速且透明的资金转账，并通过不断投资并购以及合作的模式连接本地 ACH（Automatic Clearing House）网络①以拓展其连接的边界，不断扩展其自身金融基础设施的国际触角，这一方面有助于其在国际范围内逐利，例如 VISA 的总收入包括服务费、数据处理费、国

---

① ACH 网络是一个批量处理系统，是一种银行之间转账的电子支付方式，银行将当日的转账申请提交到 ACH 之后，ACH 网络会在当日交易截止之后，统一处理所有的交易。

际交易费和其他收入四个部分，其中国际交易费是提供跨境交易服务和货币兑换服务收入的费用。根据 VISA 公布的财报，2022 年，国际交易费占 VISA 总收入的 24%，且同比增长达到 50.8%。而同期，VISA 国际信用卡支付量近 2.7 万亿美元，明显高于其国内信用卡支付规模（约 2.1 万亿美元）。与此同时，跨境支付巨头们在发展中及欠发达地区布局相应的基础设施和业务，也有助于金融包容性的提高，后者金融市场发展相对落后，尤其是非洲地区国家，大量劳动力出境务工，也存在大量的跨境汇款需求，支付基础设施的布局有利于填补相应地区的市场空白，扩大跨境金融服务的覆盖面。

3. 技术驱动型公司推动的数字金融基础设施模式（2010 年以来）

随着互联网技术的快速发展，全球消费模式不仅经历了从线下到线上的转变，也经历了向线上境内消费和线上跨境消费的转变，跨境电商得以蓬勃发展。一大批具有全球影响力的大型科技企业，如苹果、Meta、支付宝、微信、亚马逊等也迅速成长发展，这类技术驱动型公司凭借着其全球网络和技术优势，迅速成为跨境支付领域的关键参与者。在跨境支付基础设施提供方面，它们并未取代已有的金融基础设施，而是在那之上进行扩展，其开发的数字支付形式致力于将交易嵌入平台（Westermeier，2020）[12]，最终借助平台开展跨境服务业务，例如中国的支付宝和淘宝就是典型的模式，美国的亚马逊也支持 PayPal 等支付接口的嵌入。

技术驱动公司目前主要采用几种模式提供支付基础设施，第一种是致力于对传统银行业前端的改造，这意味着无须使用银行界面即可完成付款或贷款申请的授权，不影响银行业务的后端清算和结算环节。在这种情况下，技术驱动公司通常和银行直接合作。例如，支付宝和微信支付的跨境支付业务中，在境外的合作是与当地银行合作提供的，跨境结算仍是通过传统的代理银行网络进行，在境内也通过和其他银行卡支付巨头合作，譬如支付宝的国际版支持绑定主要国际卡组织的国际银行卡，如 VISA、MasterCard、Diners Club、Discover、JCB 等，这大大提升了境外游客在国内消费的便利性。第二种是技术驱动公司向传统银行等金融机构提供第三方技术服务和基础设施（如云计算、数据分析等相关的），这种模式也是推动开放式银行业务的重要驱动力，通过 API 接口，对传统银行基础设施进行改造升级。例如 2019 年 8 月，苹果与高盛和万事达合作推出了苹果卡，通过合作，确保苹果卡访问现有的支付基础设施。第三种是开发新的、独立的闭环跨境支付系统，完全脱离现有的基础设施，这里主要指基于数字闭环系统的数字货币，如 Libra 试图通过将其新加密货币与基于区块链的支付和合同系统相结合来实现其提供金融基础设施的主张（Bernards & Verduyn，2019），尽管其最后失败了，但是相似类型的公司在这方面的尝试仍在不断推进。这类基于数字闭环的基础设施一旦完全兴起，理论上可能会造成对传统基础设施的完全替代，但是由于在货币创造、货币主权、司法管辖等各方面的限制，其发展已经受到政治和监管方面的强烈关注，例如私人数字货币强大的网络效应和封闭网络的巩固可能导致支付基础设施的碎片化，损害货币的公益性质。当然，这类基于数字闭环系统的新兴基础设施最终会在多大程度上影响目前全球支付寡头垄断提供的金融基础设施，还有待进一步的观察和验证。

二、国际政府间的政经合作，为跨境金融基础设施发展创造了有利的制度环境

跨境金融基础设施涉及不同司法管辖区的制度协调和安排，这需要相对稳定的政府间关系作为基础前提。20 世纪 80 年代之后，在美国"新自由主义"思潮的影响下，全球进入自由化时代，多数国家政府开始减少对市场的干预，推动自由化、私有化和市场化。为促进经济发展，国际经济联系和合作无论在广度上还是深度上都前所未有地增加，例如贸易壁垒显著下降，全球供应链得到稳固加强。除了经济上的政府合作，在贸易自由化时代，国际地缘政治风险也相对稳定。Caldara & Iacoviello（2022）[13]将地缘政治风险定义为，与战争、恐怖主义、影响国际关系和平进程的国家间紧张关系相关的不利事件所引发的威胁、实现和升级风险。1980 年以来，较大的地缘政治冲突事件包括 1990—1991 年的海湾战争、2001 年的 9·11 事件，其影响虽然是显著的，但范围仍是局部的，并未切实影响到国际政治经济合作的主题，相对而言，2022 年爆发的俄乌冲突对全球政治经济合作的冲击则是明显的①。

政府间日益加深的合作往来和良好的地缘政治环境，能够给金融基础设施的全球性或区域性安排提供有利的制度环境。自 20 世纪

---

① 本章节主要聚焦跨境金融基础设施的历史演进，由于本部分完稿时俄乌冲突尚未结束，其对跨境金融基础设施的影响主要放在第五章进行分析。

80年代末以来，在国际政府间合作大幅增加的背景下，各国公共和私营部门利益攸关方开始推动金融基础设施向横向或纵向整合。其中，横向整合主要指具有不同功能定位的设施开始融为统一整体，原本分别进行的服务集中在同一平台内；纵向整合主要指同类设施之间通过合并、合作、联结等手段将相同或相近的业务机构汇集起来，进而实现由服务局部区域向服务全国乃至全球的目标转变，特别表现为机构间的合并收购。从整合的范围来看，既有全球性安排，也有基于区域经济共同体和自由贸易区的区域一体化安排。通过横向或纵向的整合，跨境金融基础设施的集中度和效率进入新的阶段。

1. 金融业全球并购浪潮带动跨境金融基础设施的整合和集中

通过并购或重组促进业务模式转变，是企业应对内外部环境变化的重要举措之一，金融业企业也不例外。迄今为止，全球金融业已经历了三次大规模的并购高潮。第一次并购高潮发生在20世纪20年代，第二次并购高潮发生在20世纪70年代中期到80年代末，第三次并购高潮发生在20世纪90年代中后期。前两次金融业的并购高潮主要表现为国内银行间的并购，即大银行对中小银行的并购，目标在于争夺国内市场，提高在国内市场的占有率。通过前两次并购浪潮，西方主要国家金融行业的集中度达到了相对较高的水平。到了第三次并购浪潮阶段，金融全球化程度已经明显加深，以银行业为例，1980年美国有外国银行机构342家，到1996年，外国银行在美国机构的数量已经达到619家。同期，日本、英国、欧洲等国家或地区的金融业自20世纪80年代也开始大规模进军海外市场，美国金融市场也是这些国家金融机构的主要目的地之一。同时，金融机构积极拓展海外市场也为第三轮金融业并购奠定了基础。为了适应金融全球化激烈的竞争，金融机构的这一轮并购呈现出不同以往的特征，即并购国际化，跨国并购的比重明显提高，同时这一轮并购的主体不仅是大银行，投资银行、证券、保险等金融机构也成为并购的重要参与者。在金融业国际并购大潮的带动下，金融基础设施也随之实现了一次横向或纵向整合重组的安排。具体来看，交易所、银行机构以及技术公司等推动的金融基础设施跨境的全球安排较为显著。

交易所自出现以来，长期以非营利性或准公共实体的方式为金融市场交易提供场合。然而，自20世纪80年代以来，市场化、国际化①和数字化进程从根本上改变了交易所在资本市场中的作用，经过股份化、自我上市、利润驱动等，其从国家市场转变为全球金融基础设施提供商（Petry，2021）[14]。其中，交易所的国际化转变伴随着其在全球范围内对金融基础设施的并购整合进程。20世纪90年代初，交易所开始了国际并购浪潮，截至2018年底，68%的最大交易所已经参与了国际并购活动。横向上，交易所独立组合跨资产类别、国家和时区的多个市场，例如期货交易所开始购买证券交易所，反之亦然，以及债券、外汇、碳排放、商品或金融衍生品的交易场所——2018年，88%的最大交易所提供多种资产类别的交易；纵向上，它们组合了金融价值链的更多部分，例如购买中央交易对手（CCP）、指数和数据提供商等其他金融服务提供商。并购也一直是重塑全球跨境支付格局的最大力量，跨国银行和公司通过并

---

① 自20世纪90年代起，许多交易所开始将其业务国际化，在世界各地开设办事处。截至2018年，前20强交易所已设立212个办事处。

购不断扩张其全球市场版图。例如，美国银行与国家银行的合并，以及摩根大通与大通曼哈顿银行、汉诺威银行、摩根担保信托银行和第一银行的合并，这些合并进一步提高了银行跨境金融基础设施的集中度，进一步推动跨境银行寡头垄断竞争格局的形成。

同时，跨境支付领域非银行金融机构（FinTechs、API 开发商等）之间以及和传统银行机构之间也出现了一系列关键的并购。例如，2020 年，欧洲支付解决方案公司 Worldline 与 Ingenico 集团合并。该交易结合 Worldline 对支付价值链的覆盖范围和跨境支付方面的专业知识，以及 Ingenico 对在线商务的全球敞口。2021 年 6 月，意大利支付竞争对手 Nets 和 Nexi 合并，创建了欧洲最大的支付公司之一。2021 年 5 月，德意志银行宣布与支付平台 Fiserv 成立合资企业。技术公司之间基础设施的合并，能快速提升其跨境业务规模和效率。技术公司和传统银行的合并，有助于改善银行跨境处理的效率，技术公司也能依托传统银行深厚的基础设施，扩大新型基础设施的应用场景。此外，一些高度集成的计划和平台，如全球卡支付计划和平台，也通过当地银行与国家和区域银行间支付结算基础设施相连接，以结算跨境/跨货币成员间的支付。以 VISA 为例，2016 年开始，VISA 完成了一系列收购计划，收购电商支付验证网络 CardinalCommerce、支付和费用管理解决方案的 SaaS 公司 Faredom、网关供应商 PayWorks 等，其中 2019 年 VISA 收购了全球最大的独立自动清算网络 Earthport，这一收购促使 VISA 能够触达世界上大部分银行用户，进一步扩展了包括跨境支付在内的"直达"功能。

总而言之，金融机构的国际化扩张尤其是大规模的并购，直接推动了金融基础设施从局部向全球化演进；同时，跨境金融基础设施的供给增加也反向推动了金融机构业务国际化的发展。

2. 政府主动推动跨境金融基础设施的区域互联安排

跨境金融基础设施的安排一方面得益于市场主体在全球范围内的业务布局，另一方面也由各国政府主动推动。尤其是在致力于提升经济体之间的区域经济一体化上，金融基础设施的跨境互联安排成为关键抓手之一。金融基础设施的区域一体化通常旨在为金融市场参与者或其客户实现跨境交易，通常发生在一个区域内的国家之间，如欧盟、东盟等联盟国家。根据世界银行"G25专家小组"的报告（世界银行，2014）[15]，区域金融基础设施一体化可以根据整合深度分为三种方式：一是基本整合协议方式，即相关金融基础设施通过签署合同，允许每个金融基础设施的参与者以某种形式参与另一个金融基础设施；二是链接方式，即两个或多个金融基础设施之间的一组合同和运营安排，直接或通过中介机构将其连接起来，可以将之视为一种更为进化的整合形式；三是具有共同、统一方案和操作系统的区域金融基础设施，这种形式是最有深度和最广泛的整合形式，但是在实现方面也最为困难。

目前，区域金融基础设施一体化已经广泛存在于跨境支付、证券及衍生品领域。跨境支付领域的金融基础设施一体化最为广泛，涵盖结算、清算、零售支付各个领域。支付结算领域，最简单的双边形式是指两个中央银行通过技术接口将各自的RTGS系统连接起来，例如香港金融管理局（HKMA，后简称"香港金管局"）的美元RTGS系统与其他中央银行的RTGS系统相连接。欧盟作为区域货币的代表，其联盟内国家中央银行的欧元 RTGS 系统也已经在通用标准上实现深度整合。非统一货币联盟区也在加强跨境结算互联，如"东盟+3"（东南亚国家联盟+中国、日本、韩国）致力于建立高效的区域结算中介机构，成立了跨境结算基础设施论坛（CSIF）（ADB，2020）[16]。南部非洲发展共同体（SADC）国家就如何通过远程访问建立单一货币跨境系统提供了另一种思路，其合格银行在南部非洲发展共同体过渡政府中持有南非兰特账户，可以从本国访问该系统并进行支付。清算领域则以国家间自动清算所的互联为代表。零售支付基础设施的区域跨境安排主要基于卡支付计划和处理平台之间的直接联系。例如加拿大的 Interac 借记卡系统、美国的 NYCE 支付网络和 PULSE 系统之间的连接。

证券和衍生品金融基础设施的整合过程与支付金融基础设施的有所不同。后者通过连接国家基础设施实现了区域一体化，但国家基础设施的所有权保持不变；而对于证券和衍生品，则需要以更集成、高效的方式提供端到端服务，这导致其基础设施互联的复杂性更高，甚至涉及所有权的问题。例如，证券基础设施区域一体化涉及多个方面，包括交易所基础设施、中央证券托管机构（CSD）和证券结算系统（SSS）、中央对手方基础设施、交易数据库基础设施等。在实践中，收购或采用共同标准或平台是在两个或多个司法管辖区实现基础设施整合的主要手段。收购方面，以证券交易所的互联为代表，例如智利、哥伦比亚和秘鲁的股票交易基础设施通过固定网关消息路由器和覆盖三个市场的自动价格显示，在基础设施层面联网。采用共同标准方面，例如 2006 年 11 月，欧洲证券交易所联合会（FESE）、欧洲 CCP 清算所协会

（EACH）和欧洲中央证券存管机构协会（ECSDA）共同签署了一套公共指南，其中包含交易平台、中央对手方清算所和结算系统同意采用的详细定义和原则，以寻求彼此访问的互操作性。再如中央对手方方面，可以通过合并和收购实现不同类型产品的清算，或在不同交易场所连接产品。例如，法国 CCP Clearnet 于 2001 年与比利时和荷兰合并，又在 2004 年与葡萄牙合并，形成了一个单一的法律实体。

三、金融监管在规范重塑跨境金融基础设施方面发挥越来越重要的作用

金融监管也是跨境金融基础设施历史演进中的关键变量之一。经济全球化的早期，跨境交易量还较少，彼时的跨境金融基础设施多处于手动模式，蕴含的风险也相对较小，金融监管也相对更弱。随着自由贸易成为全球圭臬，跨境贸易金融的业务量迅速扩大，蕴含的风险也越来越多、越来越大。跨境金融基础设施作为管道，在其中的作用也越发重要，甚至对国际金融经济稳定产生影响。2008年全球金融危机时期，跨境金融基础设施就发挥了稳定金融市场的重要功能，由此也引起了国际上对金融基础设施的正视及重视。跨境金融基础设施的运行也被更严谨地纳入国际金融监管框架内。同时，1980 年之后，计算机和通信技术的高速发展使得跨境金融基础设施经历了一场技术的洗礼，跨境业务处理的效率大幅提升。但正

如一枚硬币有两面，技术给跨境金融基础设施带来效率的同时，也给金融监管造成了越来越多的挑战，尤其是对新型跨境金融基础设施，金融监管具有明显的滞后性，更加有效的监管方式也在不断地试验调和之中。

1. 金融危机以来系统重要性金融基础设施得到重视和进一步发展

2008年金融危机以前，经济全球化浪潮高涨，各经济体官方和私营机构多致力于推动跨境金融基础设施的建设和发展，以便利经贸往来。这一时期，跨境金融监管的重点也集中于金融市场主体上，特别是国际清算银行（Bank for International Settlements，BIS），主要对全球系统重要性银行进行重点监管，但对跨境金融基础设施的关注度则明显不足，尤其是场外衍生品市场在一个基本上无国界和无监管的环境中蓬勃发展，并建立了对监管机构和市场参与者都不透明的系统性跨境联系（Unterman，2016）[17]。金融危机爆发后，CCPs等关键基础设施发挥了稳定器和压舱石的作用。据悉，中央对手方清算掉期合约时可以实现14∶1的压缩，可将巨量的风险敞口从市场中清除。在金融危机过程中，中央对手方机制通过多边抵销和多边净额结算制度缓释了交易风险，如对雷曼兄弟数万亿规模的数百万个仓位和客户账户进行了平仓、对冲和转移。新冠病毒危机也再一次验证了CCPs应对危机的能力。疫情期间，中央交易对手仍然全面运作，而且交易和清算畅通无阻，为客户提供可靠的交易平台和集中清算服务，有效稳定了资本市场恐慌情绪。

在2009年G20匹兹堡峰会上，全球监管当局达成共识，即系统重要性金融基础设施有责任协助管理系统性风险，金融基础设施也成为危机后宏观审慎监管的重要方面。金融基础设施既能维持金融市场稳定，也有可能成为金融风险的放大器。导致金融不稳定的无数因素，往往通过金融基础设施发挥作用（Bernards & Verduyn，2019）。以 CCPs 为例，尽管其在处置直接风险方面成效显著，但由于缺乏强有力的国际协调机制且自身相关功能缺陷，它在阻断次生风险传播方面发挥得不够理想。据美联储统计，美国次级贷款价值急剧下降导致的直接损失大约 5 000 亿美元，而风险蔓延导致的各类间接损失仅美国就达 6 万亿—14 万亿美元。中央对手方清算所可能成为新的"大到不能倒"的机构（Genito，2019）[18]，这将导致新的风险敞口。一方面，在强制性清算改革的背景下，交易对手替代提高了中央对手方清算所的场外衍生品风险敞口；另一方面，中央对手方清算所通过收集保证金要求来防范交易对手风险的方式，可能会突然减少金融系统中可用的流动性。此外，目前各个领域的金融基础设施都较为集中，当集中式实体的运作规模达到直接或间接地影响系统中所有实体的程度时，其特有的漏洞就会产生传染并造成系统性风险（Feenan et al.，2021）[19]。这就需要金融监管与时俱进，对金融基础设施可能产生的风险进行充分评估，以防患于未然。

2."去风险化"策略导致代理银行关系供给结构发生变化

截至目前，代理银行仍是跨境支付的主流模式，且美欧等发达经济体的跨国银行是代理银行关系提供的市场主体。然而，自 2008 年金融危机以来，全球金融监管趋严，例如要求银行提高流动性门槛，增加透明度要求，尤其是针对违反反洗钱（AML）规定而进行的监管处罚，使得银行面临的监管风险和尽职调查成本都显著增加。基于"去风险化"策略，西方跨国银行开始从高风险国家的代理银行关系中撤出。国际货币基金组织（International Monetary Fund，IMF）2017年的调查表明，美欧等关键司法辖区中，75%的全球银行提供商减少了其代理银行业务关系或全部退出这一业务。截至2018年底的SWIFT数据显示，2018年代理银行关系数量持续下降，活跃代理银行数量在2018年下降了3.4%。代理银行业务关系的下降影响了所有主要货币，且美元（下降5.9%）比欧元（下降4.6%）和英镑（下降3%）更为明显（FSB，2019）[20]。

代理银行关系的下降也导致活跃"走廊"（Corridors）减少，这意味着国家间的直接联系减少。但由FSB针对近50个国家逾300家银行的调查可以发现，银行对代理银行的依赖度在上升。大约45%的银行表示，依赖于两家或更少的代理银行处理收发电汇超过75%。这主要源于代理银行关系总量的减少反向提高了业务的集中度。另外，这也表明美欧国家的代理银行业务的撤出，并不意味着市场需求的减少，直接导致撤出地区（特别是新兴市场）产生了明显的市场缺口。随着以中国为代表的新兴经济体金融市场的快速发展，其银行机构在参与全球化过程中正在填补这一缺口。这种趋势总体表现为代理银行业务关系正在继续从西方向东方转移。

3. 技术进步在跨境金融基础设施的代际演进中发挥了重要作用

技术进步对金融基础设施的作用最直观地体现在效能提升上。20世纪80年代之前，电传系统的出现已经促使金融基础设施实现了从人工手动处理向批量快速跨境业务处理的转变。20世纪80年之后，计算机和通信技术驱动技术的快速发展，使金融基础设施的跨境业务处理能力得到了质的提升。以国际汇款为例，在早期，信用证是实现国际结算的主要方式，在国际结算中占据主导地位长达一个世纪之久。彼时的国际信用证是为了解决国际贸易中买卖双方可能互不信任的问题，即买方担心支付预付款后，卖方不按约定备货、发货，而卖方也担心发货后，买方未按约定支付余款。国际信用证实际上是一种有条件的付款承诺。银行根据进口商的指示，向出口商开具在一定期限内，符合信用证条款规定的单据。但是信用证在国际贸易结算的使用中，也面临费用和成本高昂、操作方式复杂、货物品质难以保证等问题。

在技术迭代加持下，跨境汇款已经变成了一件越来越容易、越来越简单、越来越便宜的事项。例如，SWIFT建立本身就是对国际汇款市场的关键创新，对全球跨境支付产生了巨大的影响。面对传统国际汇款的问题，SWIFT的"全球支付创新"（GPI）方案为银行跨境汇款在汇款速度、扣费透明度及汇款信息完整度等方面提供了技术方案。在个人跨境消费支付方面，电子钱包也已经成为跨境消费的重要工具。以往，一国居民去其他国家旅游进行消费，需要首先在银行兑换货币，以便在境外以当地货币进行消费。而跨境电子钱包的兴起，使得居民在国外消费有如在国内一样的体验。以中国的蚂蚁集团推出的Alipay+为例，其在技术上支持多种数字支付接入，使全球商家和消费者可以实现无缝连接，用户在境外进行消费时，在有Alipay+表示的店中，可以直接用本国钱包自如付款，便捷度和效率大幅提升。当然，除了在跨境支付方面，互联网、通信技术等信息技术已经嵌入跨境金融基础设施的方方面面，大大推动了金融全球化的进程。

然而，需要指出的是，技术进步一方面重塑了跨境金融基础设施的格局，另一方面也导致新的监管适应问题。尤其是对技术驱动型公司提供的新型跨境金融基础设施而言，其理念和运作方式的逻辑都发生了巨大改变，传统的监管方式往往力有不逮。例如，基于分布式技术或区块链技术的数字货币，在跨境支付中的高效、安全、低成本、无摩擦应用前景得到了诸多业内人士的认同，但其发展也导致很多新的监管问题。其中，新型数字跨境金融基础设施多依赖于分布式账本技术（DLT），这种去中心化、高度分散化的模式，给跨境规则监管思路带来新的挑战，需要权衡是将DLT视为一个整体来监管，还是把每个单独的节点（即参与DLT的每个机构）作为监管对象（Zetzsche et al.，2022）[21]。无摩擦的资金转移可能导致货币替代问题，即广泛使用外币进行储蓄和交易，各国将失去对国内货币和金融状况的控制。数字货币尤其是私人数字货币一旦广泛使用，将加重货币替代问题，这可能会引起一国的国家安全问题。例如，斯坦福大学胡佛研究所对CBDC的一份评估报告（Duffie et al.，2022）[22]指出，新兴市场经济体的央行正在以比发达经济体央行更快的速度从数字货币的概念研究转向密集的实际开发，如果前者的数字跨境货币过多地进入某国，可能引起后者对货币主权的担忧。同时，各国为保证跨境交易的数据安全性与稳定性，跨境金融基础设施数据框架的技术交互，亦是未来监管重点审查的方向之一。监管不仅限于审查数据隐私保护框架以内的基础数据，还会更广泛地收集数据框架和跨境支付之间的数据交互，旨在捕捉这些数据如何促成或阻碍跨境支付,进而影响跨境支付的成本、速度、权限和安全性以及跨境基础设施之间的互操作性。区块链技术对基础数据的大量需求与未来地缘政治冲突对跨境基础设施冲击下的稳定性保证,均给跨境规则监管带来了新的挑战。总而言之,监管对新型数字金融基础设施还未形成有效的监管思路,这也导致后者在全球范围内的发展参差不齐。

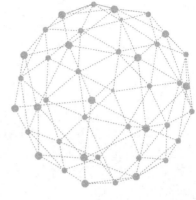

第三章

当前全球主要的跨境金融基础设施

一、跨境金融基础设施类别

跨境金融基础设施已经发展成为一个多层次、多维度的体系。从功能或主要业务来看，主要涵盖跨境资金支付、外汇交易、证券交易、金融衍生品交易等方面。跨境资金支付作为关键的跨境业务，又可以进一步分为批发支付和零售支付两方面。其中，批发支付方面，以各主要国际货币国家的大额支付清算基础设施为主，如美国跨境大额清算基础设施（Clearing House Interbank Payment System，CHIPS）、泛欧实施全额自动清算系统 TARGET2、人民币跨境支付系统（Cross-border Interbank Payment System，CIPS）等。随着跨境经济活动的快速增长，以国际卡组织为主导的跨境零售基础设施在跨境支付中的重要性不断增强，如国际卡巨头 VISA、MasterCard 及中国银联等，国际卡组织巨头们凭借其身后庞大的银行基础设施，将跨境业务触角延伸到全球各地。外汇交易方面，跨境基础设施以银行间跨境外汇交易基础设施持续联结清算（Continuous Linked Settlement，CLS）为主导，其能够提供多币种的结算服务，能够有效减轻外汇交易产生的结算风险。证券跨境交易方面，欧洲清算银行（Euroclear Bank）、明讯国际（Clearstream International）、美国存管信托和结算公司（Depository Trust &

Clearing Corporation，DTCC）等是最主要的国际安排（CPSS，2012）[23]，其基础设施遍布全球主要的投资市场，能够为国际投资者提供国际证券的存管、结算等完善的跨境投资交易服务。金融衍生品交易方面，中央对手方CCPs无疑是最为关键的全球金融基础设施之一，尤其是经过2008年全球金融危机，其在稳定全球金融市场方面的功能得到了业界的公认，也成为全球宏观审慎监管措施实施的关键抓手。

跨境金融交易与国内交易的不同关键在于跨境本身衍生出来的风险，如不同司法辖区之间法律治理和监管体系差异导致的合规风险。根据潜在风险的大小，跨境金融基础设施可以分为具有系统重要性跨境金融基础设施和非系统重要性跨境金融基础设施两类。其中，系统重要性跨境金融基础设施概念主要来源于BIS对系统重要性银行的划分思路。目前，全球典型的系统重要性跨境金融基础设施安排是PFMI规定的五类，这类基础设施面向全球，处理的清算、结算流量占全球跨境的绝大部分，同时五大基础设施之间存在高度关联性，使得其能够有效稳定和控制金融风险。其中，IMF曾将CSDs视为履行金融市场公共职能的主体，是跨境金融市场的核心组成部分，对全球金融市场平稳和安全运行的重要性怎么强调都不为过（Hickman & Ferran，2022）[24]。但不容忽视的是，这类基础设施一旦发生故障或中断，也会给全球金融系统造成直接且严重的冲击。

同时，随着跨境金融业务进一步扩展和细化，各类金融中介服务提供商开始参与进来。在跨境支付方面，企业对企业（B2B）、企业对消费者（B2C）、消费者对消费者（C2C）、消费者对企业

（C2B）等各类业务都开始快速发展，大批新进入者（如资金转账运营商，Money Transfer Operators，MTO）正在改变整个跨境支付市场的格局。就目前而言，这些新进入者大多专注于C2C、B2C和B2B等低价值交易（Low-value transactions）领域（Seeh, 2021）[25]，由于交易规模较小，对全球金融市场的影响力还相对有限。从监管角度而言，这类与金融交易相关的跨境金融基础设施往往被视为具有非系统重要性。当然，随着跨境金融交易市场结构的改变，有些非系统重要性跨境金融基础设施也可能会演变成具有系统重要性的设施。

跨境交易从来都不是件简单的事情，涉及复杂的流程。以外汇交易为例，其生命周期分为交易前（Pre-trade）、交易执行（Trade Execution）和交易后（Post-trade）三个阶段，其中清算和结算是交易后阶段中的两个重要环节（余波 & 蒋静，2022）[26]，不同环节涉及不同的基础设施和运行模式。跨境金融市场基础设施执行了大量的交易后流程，使其参与者能够以有效甚至高效的方式开展业务，并降低金融交易中涉及的风险。例如，PFMI的五类系统重要性基础设施，主要属于交易后环节的跨境金融基础设施。跨境支付的后端安排，概括而言，主要包括四种形式：传统的代理行模式、互联模式、闭环模式和点对点（Peer-to-peer）模式。跨境金融基础设施往往具有一定的独立性，特别是国家之间的跨境互联，交易主体也是独立的个体，需要链接的桥梁，SWIFT就是跨境交易中重要的中间环节桥梁，它作为信息传递型基础设施，不涉及跨境资金的具体清算、结算，属于交易中间环节的基础设施，其统一专业的报文信息系统为跨境交易往来提供了极大的便利，是金融机构特别是银行跨境交易成功的关键组成部分。同时,ISO 20022[①]作为国际公认的信息传递标准,也正在成为跨境金融基础设施的新宠儿。例如支付市场实践小组(Payments Market Practice Group),该小组正在牵头制定在跨境支付中统一使用的 ISO 20022 的使用指南。目前,交易后环节跨境金融基础设施模式和其提供主体都已经较为固定,在新兴技术的推动下,新的创新和竞争更多集中在基础设施的前端部分,前端市场直接面临终端用户,能够满足目标终端用户的不同需求,例如移动货币(Mobile Money)跨境支付系统,为国际跨境零售支付和国际汇款市场提供更快捷、更便宜的基础设施支持。

跨境金融基础设施从范围上也可以分为双边、区域一体化和多边等多种安排形式。传统类型的跨境金融基础设施更多是多边安排机制,如 PFMI 几类设施。卡支付巨头的国际银行卡系统则是基于私营银行机构出于逐利目的的全球安排机制,原则上也属于多边机制,因为它需要在不同司法管辖区内进行基础设施建设和互联。在投资全球化趋势下,区域一体化互联互通的基础设施安排也逐渐增多,尤其在区域经济体内部,如欧盟、东盟、南非共同体等,实现跨境支付、证券等的互联互通安排日益增多。传统的双边跨境金融基础设施相对较少,主要由临时的安排机制构成,如双边货币互换机制、沪伦通管道机制等。现阶段,基于技术变革的新型跨境金融基础设施安排越来越多,既有公共部门推动的,如央行数字货币系统,也有私营部门推动的,如稳定币系统、快速支付系统(Fast Payment System,FPS)等。目前,央行数字货币 CBDC 仍处于研

---

① ISO 20022 能够以标准化的方式通过事务传输更丰富、更结构化的数据,并承诺在事务中提供一致性、灵活性以及增强的弹性和安全性[FIS(2019a)]。

发设计试验阶段，双边跨境合作设计形式相对较多。

从上述内容可以看出，跨境金融基础设施较为繁杂。本书重点介绍上述类别中在全球范围内具有代表性的、特别是与我国关系密切的跨境金融基础设施及其作用和基本运行逻辑。

二、全球跨境报文系统 SWIFT

（一）主要功能

环球银行金融电信协会（SWIFT）是一家全球性同业合作组织，总部位于比利时，专门从事金融报文传送服务。支付是交易双方因交易行为而形成的付款人对收款人的货币债权转移。得益于电子信息技术的快速发展，当前支付清算流程中支付指令传递、清算和结算环节均依靠电子信息的交流与处理[①]。SWIFT 是全球范围内跨境支付信息传输的主要机构，绝大部分跨境资金转移都要依靠 SWIFT 系统完成。虽然通过其他的报文传输机构也可以完成跨境支付交易，但这些机构在可选币种和处理能力方面与 SWIFT 有较大差距，在实际业务中的使用频率远不及 SWIFT。SWIFT 报文系统的数据流量保持着长期增长的趋势，根据其官方数据，2022 年 3 月 SWIFT 平均每日记录 4 620 万条报文，同比增长 8.6%[27]。

SWIFT 成立的背景是在 20 世纪 70 年代之前，银行间信息传递

---

① 信用货币制度下结算过程（资金流转移）的本质是账户余额数字的增减，并无实体现金转移的过程。

存在诸多不便,彼时银行间业务信息交流主要通过邮政电报服务。SWIFT 的出现解决了银行间信息传递尤其是跨境信息传递的高成本和低效问题。SWIFT 主要通过标准化银行间通讯服务实现降本增效,具体包括三个方面:其一,提供标准统一的电文格式,SWIFT 提供了 240 余种金融交易相关的电文标准,已成为目前国际银行间数据交换的标准语言;其二,进行统一的身份标识体系,通过 11 位的 SWIFT Code 银行识别代码,来对超过 1 万数量的会员单位进行身份识别;其三,拥有跨国连接的通讯网络体系,包括电文传送和处理、信息或数据存储与核查等配套基础设施。以跨境汇款为例,其简要业务流程如图 3-1 所示。

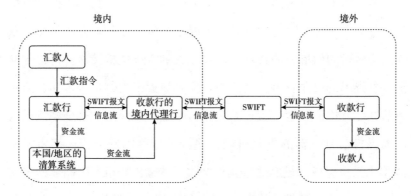

图 3-1 SWIFT 在跨境汇款中的连接作用

注:从理论上来说,银行间的通讯都可以通过 SWIFT 网络完成,包括跨境场景和境内非跨境场景,但跨境场景使用 SWIFT 更多些。
资料来源:上海发展研究基金会整理绘制。

(二)组织架构

从组织性质来看,SWIFT 属于中立性协会组织,其日常经营管理由 CEO 领导执行部门负责,并处于董事会的监督之下。董事会为SWIFT的最高权力机构，每个国家对SWIFT报文的使用情况，既决定了SWIFT的股权分配，也决定了每个国家获得董事会董事席位数的权利，且董事会董事总数不超过25个[28]。目前董事会董事人数为23人，美国、比利时、法国、德国、英国和瑞士等6个经济体各拥有两个董事席位，包括中国在内的其他经济体仅各拥有一个董事席位。中国董事现由中国银行支付清算部总经理范耀胜担任。从过去30年的情况来看，SWIFT董事会主席多由美国会员单位代表担任，CEO多由欧洲人担任。

（三）技术标准

SWIFT提供了统一的电文格式与身份标识体系，这主要得益于ISO标准的建立。目前SWIFT报文格式仍遵守ISO 15022标准，其对应的报文格式为MT，主要采用FIN协议①进行数据结构化。出于对报文内容丰富度、精细度和数据结构更高的要求，全球金融业已准备向ISO 20022标准②过渡。欧盟等区域的跨境支付将率先于2022年11月使用该标准及其对应的MX格式报文，主要采用XML协议进行数据结构化。SWIFT届时也将切换至该标准，同时预留旧格式缓冲期，允许两种报文格式并行至2025年。目前许

---

① FIN是一种报文类型，它基于分布式处理架构，具有完整的内置冗余，以确保最大的可用性，使金融机构能够安全可靠地交换单个结构化（MT和ISO 15022消息格式）的财务消息。主要功能包括报文验证，以确保报文格式符合SWIFT报文标准、交付监控和优先级、消息存储和检索。

② ISO 20022是涵盖所有业务领域和端到端业务流程的单一标准，有助于创建新服务和增强直通式处理。该标准采用了XML的数据结构化技术，有助于高效集成，使支付消息能够端到端地携带更丰富、结构更好、更精细的数据，从而带来更高效的信息服务。

多银行已经支持 ISO 20022 标准下的企业支付和账户对账单服务。

三、跨境支付清算基础设施

从支付流程看，根据支付与市场基础设施委员会（CPMI）确定的标准，支付主要分为三个标准化的过程：交易（Transaction）、清算（Clearing）、结算（Settlement）[29]。其中，交易指支付指令的产生、确认和发送；清算指包含在收付款人开户机构之间交换支付指令以及计算待结算的债权债务；支付指令的交换包括交易撮合、交易清分、数据收集等；债权债务计算可以分为实时全额和定时净额两种计算方式；结算指根据最终的清算数据进行会计处理，完成账户间的资金划拨，包括收集待结算的债券并进行完整性检查、结清金融机构间的债权债务以及记录和通知有关各方。但清算和结算流程有时在实际业务中交织在一起，边界较为模糊，因此在很多情况下，清算代指上述清算和结算流程的加总。本书在不加说明的情况下，所指的支付清算为广义概念，包括上述的全部支付流程。

支付清算按照实际交易主体是否处于不同的法律辖区，可分为境内支付清算和跨境支付清算。本文从支付清算的流程出发，梳理出跨境的资金支付、外汇交易、证券交易、金融衍生品交易等环节涉及的跨境金融基础设施，并对其在这些流程中所起到的主要作用进行阐述。需要强调的是，无论是否跨境，支付清算都离不开法律辖区境内的支付清算基础设施，但本书并不是对这些跨境金融基础设施进行全面介绍，而是重点针对"跨境"这一语境，讨论在该背景下的支付清算中发挥关键作用的跨境金融基础设施。

（一）银行卡跨境支付基础设施：国际卡组织

1. 产生背景

银行卡是重要的零售支付工具，其支付清算由卡组织完成。然而卡组织的诞生并非银行发明时就有，而是滞后于银行卡在零售支付业务中的使用。在早期的银行卡支付业务中，发卡行通常提供全周期服务，即需要对接持卡人（付款人）与商户，从支付到结算的全部业务流程都是在发卡行内完成的，这意味着商户要准备众多银行的收单设备（POS机），不仅对商户造成了很多不便，同时也限制了中小银行发卡的接受度。为解决该问题，卡组织应运而生。卡组织的主要作用是将支付、收单、清算、结算各流程分开，明确了各银行和其他金融机构的业务范围以及在银行卡支付领域的定位，同时打破了银行卡支付业务在不同银行间的壁垒，拓宽了银行卡支付平台的广度。目前主要的国际卡组织有维萨卡（VISA）、万事达卡（Master Card）、美国运通卡（America Express）、大来卡（Diners Club）、JCB卡（Japan Credit Bureau）以及中国银联卡（China UnionPay），其中VISA和Master Card在全球银行卡支付领域中的影响力较大。

2. 基本原理与支付清算流程

银行卡支付业务共有五方参与：发卡行、收单机构、持卡人、商户和卡组织。其中，卡组织主要负责清算环节，通过提供清算网络的方式串联其他四方并为之服务①。一笔典型的银行卡跨境支付清算流程由先到后可分为如下三步：支付授权（Authorization）、跨境清算（Cross-border Clearing）和跨境结算（Cross-border Settlement）（见图3-2）。

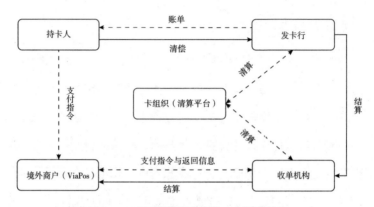

图3-2　典型的跨境银行卡支付清算流程

资料来源：上海发展研究基金会整理绘制。

支付授权的具体流程如下：持卡人消费并通过银行卡在商户提供的POS终端上发出支付指令，持卡人的银行卡信息被发送至收单机构，收单机构将银行卡的信息发送至卡组织，卡组织将支付信息与安全验证信息一并发送给发卡行作为付款授权请求，随后发卡行使用欺诈保护工具和安全代码来验证信用卡的有效性，确认卡有效后验证其账户余额或授信额度，在余额或授信额度足够支付的条件下，发卡行将接受交易指令返回给收单机构，后者再将指令传送至POS终端上。持卡人签单后，该笔交易的支付授权便完成了。

---

① 此处的"其他四方"是从功能模型的角度阐述的，在实际业务中，由于银行角色的多重性，可能只有三方。

跨境清算：支付授权后，发卡行与收单机构便产生了债权债务关系，各发卡行与收单机构之间的两两债权债务关系通过清算过程得到确认。各收单机构一般以天为单位将收款清单发送给卡组织，这些清单对应着该收单机构对不同发卡行的债权。卡组织清理数据后，将每一笔清单发送给对应的发卡行（发卡行以此为依据向持卡人发送账单），并将整理后的对账单发送给收单机构和发卡行，完成净额清算。

跨境结算：在清算结果无争议的条件下，发卡行在结算周期内将资金支付给收单机构，实现债务清偿的过程便是结算。这个过程通常通过大额资金清算系统完成。

（二）第三方跨境支付基础设施：电子钱包提供商

1. 基本定义与产生背景

第三方支付服务商是指具备一定实力和信誉保障的独立机构，在收款人和付款人之间作为中介机构提供货币资金转移服务。随着移动互联网的兴起，传统的零售支付方式已经不能满足人们对于便利快捷支付的诉求，而支付宝、微信支付、PayPal、Apple Pay 等移动支付工具应运而生，极大地提高了支付效率，其服务也迅速延伸至跨境支付领域，如跨境电商和境外线下移动支付等。

第三方支付兴起的原因主要有三点：技术发展推动、使用便利和数据流量集中。第三方支付平台不和银行直接竞争，而是依附于银行体系，采用二维码等新兴技术完成支付媒介上的整合，这使其接受度较高；新技术下支付接口的便利程度也得到了巨大提升，"扫码"

已取代"刷卡"成为主流支付方式，使消费者和商户得到了便利；当前主流的第三方支付工具在早期就开始与主流电商平台或社交应用进行了深度合作甚至绑定，这一举措将第三方支付行为真正融入人们的日常生活中，导致人们几乎难以离开第三方支付工具。以国内外知名的第三方支付工具 PayPal、支付宝和微信支付为例，前两者是通过分别与早期的电商巨头 eBay、淘宝的绑定实现用户积累，后者则通过微信社交平台的垄断性流量优势完成了用户积累。

值得注意的是，我国第三方支付产业的起步晚于美国，且相关企业初期借鉴了美国企业的经验，但有意思的是，我国第三方支付产业发展的速度远快于美国，我国的第三方支付产业近十年以来在全球范围内处于领先地位，微信、支付宝等平台在经过长期的发展之后已经成为普通民众日常生活的重要支付工具。本书认为，我国的支付市场之所以形成如今的格局，一方面与我国电商的高速发展密不可分，另一方面也离不开"先松后紧""松紧相济"的第三方支付监管政策。

中国电子商务的蓬勃发展直接带动了第三方支付的大规模应用。中国的电商交易规模在 2004 年至 2022 年间增长了 47 倍多，第三方在此期间则经历了从无到有——从无人知晓到几乎人人使用的过程，其结果是中国电商中第三方支付的普及率在全球首屈一指。（见图 3-3）2022 年，中国电子商务交易额的 81% 是通过第三方电子钱包完成支付的，这一数据远超排名第二的印度市场，后者电子商务中第三方支付的普及率仅为 50%。在线下销售点使用的支付中，第三方支付在中国也处于龙头地位，交易额占比约为 56%，遥遥领先于银行卡和现金等其他支付方式[30]（见图 3-4、图 3-5）。

第三章　当前全球主要的跨境金融基础设施

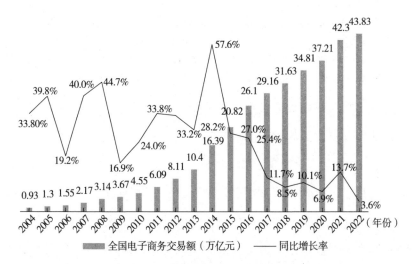

图 3-3　中国电子商务规模发展历史

资料来源：《中国电子商务报告 2022》。

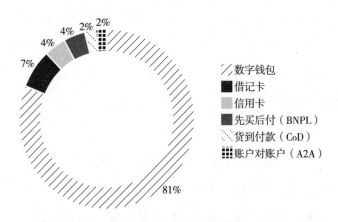

图 3-4　中国电子商务支付方式占比（以交易额计算）

资料来源：WorldPay《2023 年全球支付报告》。

第三方支付在客观上为电商的支付环节提供了便利，有力支持了中国电商的发展，监管层对于此类创新总体而言持默许态度。得益于此，我国发展出了大规模电商平台以及相对应的第三方支付工具。但在创新业务发展的同时,必然会产生新的风险与挑战。以支付宝在淘宝上使用为例,早期用户通过该工具向平台商户支付款项购买商品,但线上购物有别于线下,涉及商品退还概率较高,因此商户并不会第一时间收到款项,而是经由购买者确认商品满足其需求后才会将款打入卖家银行账户。在此过程中,支付宝起到了连接买卖双方的银行账户和支付的作用。然而,过于宽松的监管环境导致了支付宝等支付机构利用在途资金套利,即通过属于客户的在途资金进行短期投资获取额外收益。从长期来看,这可能会影响我国的整体金融系统稳定。为了控制潜在风险,2017年1月,中国人民银行发布了《中国人民银行办公厅关于实施支付机构客户备付金集中存管有关事项的通知》,要求对网购在途资金等客户备付金[①]进行集中统一管理,第三方支付机构此后面临的监管压力开始上升。进一步地,中国人民银行于2020年12月通过了《非银行支付机构客户备付金存管办法》,细化了客户备付金的管理条例,确定了客户备付金为央行负债[②]。客户备付金由央行统一管理,部分全国性商业银行承担协助管理的责任。

相比之下,美国对于第三方支付监管框架的调整较少,对其限制从一开始就较为严格。美国社会普遍将第三方支付机构认定为货币转移服务商。美国在联邦层面并没有对第三方支付机构进行专门立法监管,但绝大多数州都对货币转移服务进行了不同层面的立法,提供该服务的第三方支付机构则受到这些法律的管辖。这些货

---

① 根据中国人民银行的定义,客户备付金是指支付机构办理客户委托的支付业务,实际收到的预收代付货币资金。

② 具体而言,客户备付金计入央行资产负债表负债端储备货币项下的非金融机构存款项。

币转移服务法律的思路和具体监管路径都大同小异[1]，在关键性的客户备付金方面，美国法律从一开始就明确规定客户备付金的所有权属于客户，支付机构应该将客户资金与自有资金进行区分并不得占用、挪用。但美国法律允许第三方支付机构使用客户资金投资，包括第三方支付电子钱包余额（对应我国法律规定下的客户备付金），但要求其市场价值不得低于支付机构已经接收而未偿付的资金价值，且严格规定了客户资金的低风险投资途径[2]。

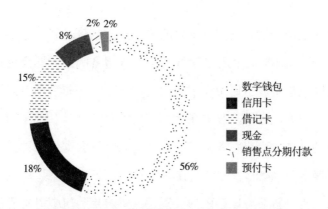

图 3-5　销售点支付方式占比（以交易额计算）

资料来源：WorldPay《2023 年全球支付报告》。

对于美国的第三方支付机构而言，其拓展业务需要在每一个州

---

[1] 2001 年，统一州法全国会议委员会（NCCUSL）发布了《统一货币服务法案》（Uniform Money Services Act，UMSA），它成为美国具有整体代表性的第三方支付监管框架，在机构投资主体、营业场所、资金实力等方面分别做出了详细的规定，对不同业务类型的第三方支付实施分类管理。

[2] 事实上，PayPal 早期即选择过使用客户资金投资货币市场基金，但是在 2008 年金融危机后由于商业票据市场的低迷，PayPal 投资的货币市场基金陷入持续亏损，最终于 2011 年 PayPal 结束了此项业务，转而将所有的客户资金以存单等形式存入银行。

单独申请营业许可，导致其业务发展速度受限。同时，美国依据机构具体业务而非主体的多法律交叉监管模式导致其无法效仿中国同类型公司在早期通过监管套利获取超额收益。更为重要的是，在美国较为完善的银行卡支付体系下，第三方支付机构注定只能扮演锦上添花的角色，而无法如中国同类型公司一样对支付行业几乎进行了重塑。

此外，中美支付行业发展的阶段不同也深刻地影响了第三方支付在两国的发展速度。美国的零售支付行业在 20 世纪就已经形成了以银行账户和信用卡为中心的成熟体系。线下零售行业较为发达，而线上购物这一第三方支付的主要使用场景受制于仓储物流及人工成本，并不具备优势。这导致美国消费者的线下消费偏好十分明显，并且消费者也更习惯于使用信用卡支付而非第三方支付工具进行支付。相比之下，我国在 21 世纪初期才推广使用银行卡支付，且在便利性等方面存在着诸多缺陷，这给第三方支付工具提供了良好的生存空间。第三方支付面临的竞争压力不大，因此发展较快。

上述支付行业发展阶段的区别还能够解释为何中美两国第三方支付工具在线下场景中的具体支付方式不同，即中国通行二维码，而美国习惯使用 NFC。二维码的优势在于成本低、推广易，与中国的商业环境相适应，几乎能用于一切消费场景，因此很快取代了现金支付与少数成本较高的银行卡 POS 机支付场景，使得中国在十年时间内进入了"无现金社会"。而美国的线下第三方支付以 NFC 终端为主要技术载体，主要得益于其发达的信用卡支付体系。时至今日，银行卡支付（包括借记卡支付和信用卡支付）仍是美国最常见的支付方式，NFC 第三方支付则属于银行卡支付的延伸。换句话说，第三方支付可视为用户的银行卡聚合支付工具，并通过 NFC 触碰的形式完成快速支付。这种支付方式在符合美国人传统支付习惯的基础上，进一步提升了支付流程的便利性。美国经济基础较强，商户对于 NFC 终端的接受程度高，因此推广难度不大。而使用二维码对于美国而言相当于再建一套新支付系统，既无必要又浪费资源，因此二维码没有在美国流行。

总的来看，中美的第三方支付有着相似的起步，但走出了不同的结果：中国移动支付的普及率在 2023 年已达到 86%[31]，移动支付已远超其他支付形式并成为最主要的零售支付渠道；而美国的零售支付仍主要依赖银行卡，在全部支付渠道中的比例仍在七成左右，且相对稳定，电子钱包移动支付虽有不小进步，但 2022 年市场占有率（简称"市占率"）仍仅为 12%，与现金支付不相上下。这种差异很大程度上取决于两国支付行业历史发展进程的不同，而并无高低之分，在适应消费场景的前提下，能够较为便捷地实现支付以及后续的清算结算，便算得上好的支付体系（见图 3-6）。

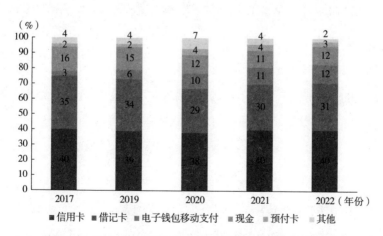

图 3-6　2017—2022 年美国线下零售支付渠道的变化情况

资料来源：Statista.

2. 第三方支付流程与清算机制

在一笔典型的第三方跨境支付业务中，第三方支付机构处于生态链的下游，具体情况如图 3-7 所示。

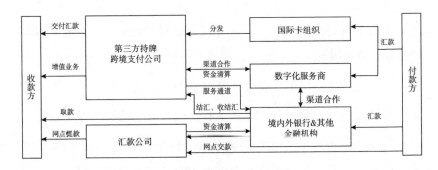

图 3-7　第三方支付机制

资料来源：易观分析，上海发展研究基金会整理绘制。

第三方支付的清算环节可概括为二级清算机制，即支付平台为商户和消费者提供清算服务，清算基础设施为银行等金融机构和第三方金融机构之间提供清算服务。第三方支付平台一方面向商家和消费者传递订单和交易信息，另一方面在支付后通过对双方电子钱包余额的等量调整，完成对双方的清算。实际的资金交割则需要经由资金托管行完成，这主要是因为在途资金属于第三方支付平台的负债，一般要以客户备付金的形式由托管行实行全额托管，资金结算也要通过托管行完成（见图 3-8）。

以中国的对外跨境电商为例，目前的支付途径主要有三种：1. 直接将货款电汇到中国的银行账户，提现到个人外汇账户；2. 使用政策性小额个人结汇通道,如义乌和重庆的结汇账户①;3. 境内外第三方支付工具转账,后提现至银行账户(石红英,2018)[32]。前两者都是结汇后转账至个人银行账户,无法满足日益增强的商户合规经营要求。而后者要求境外第三方支付机构(主要通过 PayPal)与其在中国境内合作第三方支付机构(拥有境内第三方支付牌照和跨境电子商务外汇支付业务资格)进行余额划转,对商户而言操作较为简便且成本较低,故已成为跨境电商的主流选择。以最常见的跨境电商交易支付流程为例,用户通过 PayPal 或信用卡支付,资金转移至商户的 PayPal 境外收款账户中。由于我国对于跨境资金管理较为严格,该账户中的资金无法直接转移至我国境内的银行卡账户中直接提现,因此必须经由同时取得境内外支付牌照的第三方支付机构②代为转移:首先将 PayPal 内资金转移至绑定的境外(主要是美国或中国香港)银行卡,再将卡内资金转移至商户在上述第三方支付机构开设的境内收款账户,最后将该账户中的资金按汇率兑换并提现至商户的境内银行卡(见图 3-9)。

在全球范围内,PayPal 在第三方跨境支付中的市场份额处于领先地位,根据公开信息估计③,其市占率约为 30%,而 Alipay、WeChat Pay、Amazon 和 Stripe 的市占率分别为 15%、12%、5%—6%

---

① 由于义乌和重庆对外商品贸易不断发展,个体户的小额结汇需求不断膨胀,因此政府设立了上述项目以方便个体户小额结汇。账户办理仅需要经营执照以及法人身份证件等基本文件,在政策指定银行办理开户即可。其优势是无限额收汇账户且可以自由选择结汇时间,但劣势都属于个人账户,无法汇出外汇。
② 这种安排主要是基于对我国的金融安全考虑,因此这些公司通常为国内公司控股。
③ 第三方支付行业内各家公司交易数据一般不对外公布,后述数据是对不同来源的公开信息整理估计后所得到的。

和 4%，明显低于前者。中国方面，第三方跨境支付工具的市场集中度则更高，PayPal 市场份额超过 30%，Alipay 和 WeChat Pay 约为 30% 和 10%（见表 3-1）。

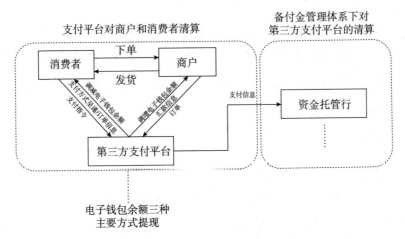

图 3-8　第三方支付的二级清算流程

资料来源：上海发展研究基金会整理绘制。

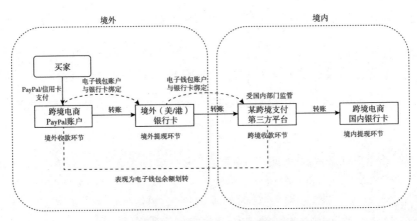

图 3-9　以银行为中介的第三方工具跨境支付流程

资料来源：上海发展研究基金会整理绘制。

表 3-1 主要第三方支付工具市场份额占比

第三方支付工具	世界范围内市场份额	中国市场份额
PayPal	30%	超过30%
Alipay	15%	30%
WeChat Pay	12%	10%
Amazon	5%—6%	—
Stripe	4%	—

资料来源：上海发展研究基金会整理。

3. 优劣之处

第三方跨境支付的优势在于快捷方便、成本较低。流程入账时间方面，多数支付工具支持支付款项"当日达"；成本方面，总成本可分解为注册成本、账户管理成本、入账成本和提现成本。当前多家第三方跨境支付平台已不收取注册、账户管理和入账费用，商户只需支付提现费用即可，总成本相较于银行卡跨境汇款等传统支付方式明显降低。但第三方跨境支付同样有不足之处，主要表现为受到电商平台和政府资金监管的影响较大，不确定性较强，存在一定的资金损失风险。如 PayPal 在 2018 年停止与连连支付[①]的合作，使原本简便的支付机构间余额划转不得不增加了银行作为资金中转的一环。

同时需要指出的是，第三方跨境支付也面临不同区域间的合规风险，图 3-9 流程中通过境外银行的提现和转账只起到了资金跨境的连接作用，主要是为了满足电子钱包资金跨境的合规要求。随着主要经济体间互信程度弱化以及全球经济碎片化程度加剧，"安全优先"逐渐取代"效率优先"成为跨境金融领域的头号目标，这导致近年来主要经济体之间尤其是中美、中欧间的电子钱包资金的跨

[①] 根据亿邦智库发布的《2021 跨境电商金融服务报告》，有 27.8% 的跨境电商企业选择连连支付作为最常用收款工具，连连支付的使用频率居市场首位。

境转移变得十分困难和烦琐,第三方支付公司在境外取得支付业务牌照的难度也在不断提升。但对于跨境资金监管较松的国家而言,仍无须中间转换流程,PayPal作为全程单一的第三方支付和收款工具,商户可直接通过PayPal完成资金本币提现。

4. 从东南亚市场观察第三方支付的全球发展潜力

从中国的第三方支付市场发展脉络以及中美第三方支付市场对比中我们可以发现如下规律:第三方支付若在一个国家或地区成为主导的支付方式,有两个因素可能在其中发挥了关键作用。第一,境内银行体系的发展水平相对有限,尚未形成几乎全面覆盖的银行卡支付网络,且民众的银行卡支付习惯尚未形成;第二,社会的数字化水平处于快速上升期,数字化生活应用如网上购物、社交媒体、网约车出行等快速发展,第三方支付需求基于这些新的数字化业务需要而产生。这一结论也得到了东南亚现实情况的验证。在银行卡支付体系发展相对不足、社会数字化程度快速提升的大多数东南亚国家,背靠数字化业务的第三方支付工具迅速占据重要的支付生态位,并逐渐成为占据主导地位的支付方式[1]。比如印度尼西亚市占率最高的第三方支付工具GoPay背靠印度尼西亚第一大互联网公司GoJek,为其网约车、外卖、药物快送、物流服务和新闻娱乐业务提供支付入口。再如马来西亚市占率最高的第三方支付工具GrabPay则背靠当地互联网巨头Grab,为

---

[1] 在第三方支付工具逐渐发展成为主导支付工具的东南亚地区中,新加坡是一个典型特例。新加坡由于已经具备了完善的银行卡支付体系,因此对第三方支付的需求不高,显著低于其他多数东南亚国家,且在政府推动的PayNow快速支付系统下,用户只需向手机号码转账即可,手机号不仅绑定银行卡,还可以与第三方支付账户链接,便利程度高。

其网约车、外卖、快送服务提供支付入口。且上述二者都在多个东南亚国家提供支付服务。显然，东南亚支付市场仍处于激烈竞争、高速发展时期，且与中国第三方支付发展的逻辑较为相似，同样以二维码为主要第三方支付载体。可以说，如今东南亚第三方支付公司一定程度上参考了中国支付宝和微信支付的成功经验，并试图将其复制到东南亚。但东南亚与中国的情况并不完全相同，最显著的区别在于东南亚市场的分割特性远大于中国。印度尼西亚、新加坡、马来西亚、泰国等东南亚主要国家的第三方支付公司都试图在整个东南亚第三方支付业务中占据重要地位，这些公司在本国都有着稳固的基本盘，但在扩张的过程中则面临着极为激烈的竞争。这种市场较为分割的情况注定了这些公司无法像支付宝和微信支付一样快速地凭借强大的流量入口整合第三方支付市场，并快速实现盈利，激烈竞争可能是一个较为漫长的过程，Kapron（2023）甚至认为东南亚无法出现类似于支付宝和财付通（微信支付）地位的第三方支付公司[33]。事实上，目前东南亚主要的第三方支付公司如 Sea、Grab 和 GoTo 都处于亏损状态，市场预计最乐观也要等到数年后才能盈利。这种显著有别于中国的激烈竞争格局解释了为何东南亚小商贩摊位上都能见到令人眼花缭乱的众多第三方支付收款码，这也给商家带来了较高的管理成本。

  为了减少这种负面影响，印度尼西亚银行（Bank Indonesia，BI）推出了二维码支付新标准，快速响应印度尼西亚标准快速响应代码（QRIS），以整合主流第三方支付和银行客户端移动支付。商家通过申请静态收款 QRIS 二维码，可以允许客户以 GoPay 等多家第三方支付工具来支付，与中国境内的聚合支付的作用几乎相同。QRIS 不仅设计来用于统一国内二维码移动支付，进一步地，印度尼西亚央行有意将该标准推行至其他东南亚国家，以促进东盟支付互联互通以及建立国家之间跨境贸易标准化，使得第三方支付机构出海开展跨境业务变得十分简单。一方面，外国游客入境印度尼西亚也可以使用境内外支持 QRIS 的第三方支付工具付款，同时印度尼西亚居民也只需扫描 QRIS 码即可在国外通过第三方支付工具付款；另一方面，QRIS 正在与其他东南亚国家的二维码支付标准开展互联互通工作。2023 年 11 月印度尼西亚银行和新加坡金融管理局（MAS）启动了印度尼西亚和新加坡之间的跨境快速响应（QR）支付连接，使客户通过 QRIS 或 NETS[①] 任一二维码进行无缝跨境零售支付。类似的还有马来西亚的 DuitNow 二维码支付标准和泰国的 PromptPay 二维码支付标准。上述所有二维码支付标准的跨境支付链接或已经建立，或即将建立，可以说目前东南亚基于二维码的第三方跨境支付已经发展到较高水平。

在竞争如此激烈的东南亚第三方支付市场中，也可以看到中国公司的身影。其中出海业务较为领先的当属蚂蚁集团的 Alipay+ 和微信支付 WeChat Pay。不同于一般面向消费者的第三方支付工具，Alipay+ 定位于"创新的跨境支付技术和营销解决方案"，更多面向商户，通过与本土第三方支付公司合作并提供支付解决方案的形式，将其第三方支付服务渗透到东南亚最常见的零售消费场景。当然，蚂蚁集团也推出了支付宝海外版，支持中国游客境外支付。而 WeChat Pay 的业务则还是集中于支付工具本身，其主要为中国国内用户访问东南亚国家提供

---

① NETS QR 是 MAS 推出的二维码支付标准，与 QRIS 发挥同样的作用，支持的应用程序包括 Alipay+、WeChat Pay、星展银行 PayLah、华侨银行 Digital、大华银行 TMRW、渣打银行移动应用、BHIM App、马来西亚数字支付应用、泰国银行应用程序、银联应用程序。

支付便利，但目前发展相对较慢，市占率较低（见表 3-2）。

表 3-2 支持 QRIS 的第三方支付工具和银行

第三方支付工具	银行
ShopeePay Gopay Dana LinkAja t-money，QREN Paytren OVO OttoCash Bluepay Cash DokuPay SpeedCash SPIN（Smart Payment Indonesia） Finpay Money GudangVoucher（GV e-money） E-Money Paydia WeChat Pay	中亚银行（Bank Central Asia） 联昌国际商业银行（Bank CIMB Niaga） 雅京特区银行（Bank DKI） 曼底利银行［Bank Mandiri（Persero）］ 印度尼西亚马来亚银行 Bank Maybank Indonesia 兆丰银行（Bank Mega） Bank Nationalnobu 印度尼西亚国家银行［Bank Negara Indonesia（Persero）］ 印度尼西亚宝石银行（Bank Permata） 印度尼西亚人们银行［Bank Rakyat Indonesia（Persero）］ 金光银行（Bank Sinarmas） 印度尼西亚金融银行（Bank Danamon Indonesia） 区域开发银行（巴厘岛）［Bank Pembangunan Daerah（Bali）］ 曼底利教规银行（Bank Syariah Mandiri） 印度尼西亚韩亚银行（Bank KEB Hana Indonesia） 华侨银行（Bank OCBC NISP） 区域开发银行苏门关联省那格利银行［Bank Pembangunan Daerah Sumatera Barat（'Bank Nagari'）］ Bank UOB Indonesia 区域开发银行爪哇巴拉特和万丹支行（Bank Pembangunan Daerah Jawa Barat & Banten） Bank BRISyariah 区域开发银行爪哇帖木儿省支行（Bank Pembangunan Daerah Provinsi Jawa Timur） Bank Pembangunan Daerah Nusa Tenggara Timur 国家退休金银行（Bank BTPN） Bank Pembangunan Daerah Sumatera Selatan dan Bangka Belitung

资料来源：StraitsxBlog，截至 2022 年 6 月。

注：仅译出有通用中文名称的银行名称。

全球范围内，还有许多潜在的国家满足上述条件，第三方支付有望在这些国家成为主要支付手段，如墨西哥、巴西、阿根廷以及智利等拉美国家，哈萨克斯坦、吉尔吉斯斯坦等中亚国家，阿曼、巴林等中东国家，以及土耳其等西亚国家。这些国家现金使用比例高，社会数字化正在兴起，并伴随着支付系统的种种问题。有的国家电商发展较快，但银行卡支付流程烦琐，如上述拉美国家。阿根廷支付公司DineroMail在此环境下逐渐成为拉美领先的互联网支付解决方案提供商，在多个拉美国家均提供第三方支付服务。有的国家数字化基础设施发展迅速，且银行卡支付尚未占据主导地位，如上述中亚、西亚和中东国家。哈萨克斯坦央行行长表示，2022年1—5月，国民非现金支付业务使用量较去年同期增长51%，达到了35.6万亿哈萨克斯坦坚戈[①]，全国在线支付占比达到了83%。

对于银行卡支付体系较为完善的发达国家，虽然第三方支付成为主导支付手段的可能性较低，但这并不代表没有发展空间。事实上，第三方支付在这些发达国家的使用率也在逐渐上升，并有望成为重要的支付手段之一。如北欧国家丹麦，越来越多的丹麦人选择使用手机支付的方式在线下消费，目前有近三分之一的丹麦人使用丹麦银行开发的移动支付应用。

不难看出，第三方支付在全球范围内仍有巨大的增长潜力，有望在许多国家成为主要的支付方式之一。

（三）官方快速支付系统

1. 产生背景

为了便利居民乃至企业的零售支付体验、简化小额跨行转账的

---

① 根据2024年4月24日汇率，1人民币≈61.257哈萨克斯坦坚戈。

流程、加强第三方支付工具之间的互操作性，部分国家和地区的货币当局联合支付清算机构推出了零售支付领域的快速支付系统（Fast Payment System，FPS）。FPS最初仅用于本地的支付清算，而跨境支付清算基础设施的互联互通在近年来越发频繁，使得FPS不再局限于本国或地区，而是成为跨境支付清算的重要基础设施。

快速支付系统诞生的背景是银行转账受到时间、程序等方面的制约因素较多，对于用户而言使用体验较差，无法满足新技术时代背景下便捷生活的要求。以香港为例，在其快速支付系统正式推出之前，香港本地跨行支付清算主要依靠电子交换系统进行，参与电子交换系统的各家银行以ICL制定的电子交换文件种类和格式为基础，通过电子交换系统进行文件交互，系统只在工作日的日间营业，遇到台风天和节假日系统关停不再受理业务[①]，跨行支付的便利性差。

为解决这个问题，香港金管局于2018年9月30日正式推出了新的金融基础设施"转数快"（FPS），由香港银行同业结算有限公司负责运作，核心目标是提高香港零售支付的效率。为实现此目标，FPS提供24小时全天候即时零售支付服务，支持港币和人民币交易。

2. 基本流程

FPS打通了银行和第三方支付工具之间的壁垒，对于加入了FPS系统的银行和第三方支付机构，用户可以在相关的银行账户和第三方支付工具电子钱包之间进行即时转账。FPS使用场景包括个人对个人（PvP）点对点支付转账、电子商务支付、企业对个人薪酬支付、网上购物支

---

① 支付杂谈之香港转数快（FPS）系统——知乎（*zhihu.com*）。

付、销售点支付以及商户对商户支付。FPS全部支付流程可简单划分为5步：付款人身份核实、付款人提交支付信息并确认账户金额、收款人账户信息核实、金额划转以及交易完成信息反馈（见图3-10）。

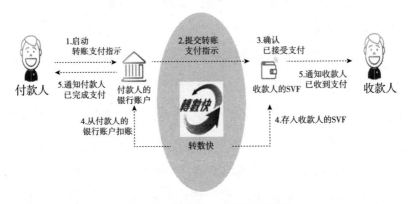

图3-10 香港FPS即时转账流程

资料来源：香港银行同业结算有限公司。

支付手段方面，发起远程支付只需收款人注册的手机号码或电子邮箱即可，而线下面对面零售场景则可采取更为便捷的二维码扫码转账支付方式。管理方面，FPS的港币和人民币结算账户分别由香港金管局和中国银行香港分行管理，香港银行同业结算有限公司负责具体结算事务。

除中国香港地区外，东南亚和欧洲等地区的许多国家也对快速支付系统有着强烈需求，并建立了相应的支付系统。目前已有超过60个国家和地区推出了快速支付系统，其他许多国家和地区正在计划推出FPS，以便提升小额交易的数字化程度及便利性，使收款人能够立即获得资金[34]。

3. 优劣之处

快速支付系统的最大优势在于其能整合银行和众多第三方支付机构，统一支付形式和标准，降低社会零售支付的总运营成本。以我国为例，微信和支付宝提供的二维码支付是我国最常见的线下零售支付渠道，但其彼此之间存在竞争关系，并不兼容。但快速支付系统在官方层面统一了标准，消除了各第三方支付机构之间及其与银行之间的"屏障"，降低了新兴支付工具社会运行的总成本，提升了支付效率和用户体验。

当前快速支付系统主要用于一国国内，但不同国家和地区间的快速支付系统已呈现出连接加深的趋势，未来利用快速支付系统进行跨境支付将变得越来越普及。

以新加坡 PayNow 和泰国的 PromptPay 为例，二者都是各自国内的快速支付系统。2021 年 4 月 29 日，二者的连接正式生效，全年 7×24 小时运行，两国各自快速支付系统参与银行的零售客户仅使用手机号码便可进行跨境转账[35]，具体步骤如下。第一步，发起支付。支付人在快速支付系统（PayNow 或 PromptPay）中填写收款人手机号码、转账用途和转账金额，系统会按照实时汇率计算收款人将收到的外币金额。第二步，确认交易。快速支付系统将受信息保护的收款人姓名和转账费用发送至支付人用于核对。第三步，确认交易后，通过 PayNow 和 PromptPay 的系统连接，资金将实时到达收款人银行账户。PayNow–PromptPay 跨境快速支付系统是全球第一个使银行零售客户可以使用移动号码进行跨境资金转移的系统。目前，仅有 3 家新加坡银行和 5 家泰国银行[①]支持 PayNow–PromptPay 转账，但未来该系统的参与者将进一步扩展至更多银行以及第三方支付公司。此外，大华银行 CEO 表示，新加坡与泰国快速支付系统之间的连接只是未来大规模连接东盟各国支付系统的重要一步，将会有更多东南亚国家加入该跨境快速支付系统，最终或将形成"东盟快速支付系统"。

近期美国也更新了其国内的快速支付系统。2023 年 7 月，美国快速支付系统 FedNow 上线，旨在整合美国原先分散的零售支付方式，提升支付及清算结算环节的便利性，实现美国支付系统的现代化。长期以来，美国薪资、账单、利息、股息和社会保障支持等支付清算是通过其最大的自动清算系统 FedACH 完成的。但 FedACH 的效率低下，通常需要几个工作日才能完成资金结算，对终端用户的资金管理造成了一定程度的不便。由美联储开发的 FedNow 系统则有较大改进，该系统向美国存款性金融机构提供 24×7×365 的全天候即时支付结算服务。终端用户则可以自由选择支付方式，只要该支付方式与存款性金融机构[②]的支付账户（如银行账户）绑定即可。虽然目前美国的快速支付系统 FedNow 只针对其国内用户，但美国引入快速支付系统这一举措本身已表明该支付清算系统的价值。可以预见的是，越来越多的国家将建立其国内的快速支付系统以提高其零售支付效率。在此基础上，未来可能有越来越多的国家尤其是经济体量较小的国家将采用快速支付系统互联互通的方式实现跨境支付结算。

---

① 新加坡的 3 家银行分别为 DBS 银行、OCBC 银行和联合海外银行；泰国的 5 家银行分别为 Krungsri、BBL、KBank、KTB 以及 SCB。
② 前提是存款性金融机构必须接入 FedNow 系统。

与上述国家不同的是，我国大陆目前尚没有官方推出的快速支付系统。主要原因在于，我国的零售支付发展路径与国外存在明显差异。发达国家银行卡支付体系下的POS机支付系统历经数十年发展，在20世纪已形成成熟的支付清算生态，在各类商户中的普及率很高，因此移动支付并未对其以银行卡为基础的零售支付体系形成较大冲击，新技术仅仅是改变了其支付系统中最表层的支付媒介，如Apple Pay和Google Pay通过NFC技术对用户的银行卡余额进行减计以完成支付。相比之下，我国银行卡支付系统由于基础设施负担较高，与我国消费市场发展阶段不相称，因此长期以来都未能撼动现金支付的地位。然而，随着移动互联网技术在我国快速发展和应用，以支付宝和微信支付为代表的电子钱包提供了远超现金支付的高便利和低成本，因此迅速取代了现金支付，成为我国零售支付的主流方式。随后中国人民银行推出支付机构备付金制度以非银行支付机构网络支付清算平台（即网联）这一关键性金融基础设施，使得各电子钱包背后的支付机构与银行在同一平台上进行清算，并赋予了中国人民银行对支付机构资金流的全局监控权力，达到了与其本身创立快速支付系统类似的效果。由此来看，我国并没有推出快速支付系统的必要。

（四）跨境大额支付清算基础设施

1. 美元跨境大额清算基础设施：CHIPS

美国的银行同业支付系统（Clearing House Interbank Payment Systems，CHIPS）成立于1970年，由纽约清算所协会（NYCHA）经

营,是全球最大的私营支付清算系统之一,主要进行跨境美元交易的清算。全球美元最终支付清算约有 95% 是通过 CHIPS 系统完成的(Chowdhury et al.,2022)[36],是美元支付清算中不可或缺的一部分。

CHIPS 采用会员制,会员为美国境内的大型银行,目前共有 43 家会员,每日处理超过 20 万笔银行间清算业务,负责的美元清算总量为 1.8 万亿美元①。对于美元跨境支付而言,每个营业日终,CHIPS 计算全部参与者现存支付指令的多边净额,并形成"结账头寸",进而通过 Fedwire 账户转入缺少的结账头寸到 CHIPS 账户中②。

自 2001 年 1 月开始,CHIPS 持续性地对支付指令进行匹配、轧差并完成交割。每天,CHIPS 系统为支付队列中释放的所有支付指令提供实时的最终结果。为了实现这一点,参与机构的付款指令根据其在 CHIPS 账簿上的正头寸完成结算,或同时由传入的收款指令抵销。

为了促进这一过程,纽约联储银行建立了 CHIPS 预注资余额账户(CHIPS Prefunded Balance Account)。每个 CHIPS 参与者都有一个预先设定的每日初始头寸要求,用于全天的支付结算,在每日 CHIPS 系统开启时通过参与机构的 Fedwire 账户转账至 CHIPS 账户实现。

参与者在系统开启后,向 CHIPS 管理的集中队列系统提交支付指令,并由 CHIPS 的优化算法搜索中央队列以完成支付指令的结算:当发现涉及一个、两个或多个支付指令的结算机会时,优化算法会将相关支付指令从中央队列中释放,并同时标记 CHIPS 记录,以反映参与者头寸相关的借方贷方变化。参与者可在每日

---

① 包括美国国内的美元清算以及跨境美元清算,参见 https://www.theclearinghouse.org/payment-systems/chips。
② 参考百度文章《银行业国际收付清算体系与实务专题研究:从原理看 SWIFT》。

系统截止时间前的任何时间从队列中撤回支付订单，截止时间后，CHIPS 开始匹配（Matching）、抵消（Set Off）、轧差（Netting）和释放（Releasing）尽可能多的支付指令。而所有剩余的未释放支付指令会以多边净额的方式进行清算，得到每个参与者的临时净头寸（可正可负）。该头寸与当前头寸（始终不小于 0）相加，即得到每个参与者的最终净头寸（Final Net Position）。若某个参与者的最终净头寸为负，则成为该参与者的"最终头寸要求"（Final Position Requirement），必须通过 Fedwire 账户向 CHIPS 账户补充资金以满足结算要求。日终 CHIPS 系统关闭时，参与机构的头寸将会清零，机构资金将从其 CHIPS 账户转出（BIS，2003）[37]。

相较于 Fedwire，CHIPS 主要针对跨境美元结算，这主要是因为 Fedwire 仅对美国本土金融机构开放，同时费用较高，因此绝大多数跨境美元支付清算是通过 CHIPS 完成的。但事实上海外资金融机构也可以通过与在岸的联系中介机构建立代理结算关系，间接使用 Fedwire 完成跨境美元支付清算[38]。总的来说，二者既相互竞争又相互补充。CHIPS 采用了多边净额的结算方式，该结算方式减少了银行的头寸占用，与提早结算激励因素（The Incentives For Early Submission）相结合形成流动性储蓄机制（LSM）增加银行体系的流动性（Martin & McAndrews，2008）[39]。根据 James McAndrews & Dean Vartin（2022）的测算结果，核心指标流动性效率比（LER）和实时效率比（RTE）[①] 都显示出 CHIPS 具有很高的流动性使用效率

---

① LER 均值为 21.51，即银行最终头寸占用与总支付规模之比平均为 1∶21.51，头寸占用比率仅为 4.65%；RTE 均值为 61.87，即每结算 61.87 美元的平均占用余额为 1 美元。观测数据取自 2019 年 5 月 13 日至 2020 年 5 月 12 日。

（McAndrews & Vartin，2022）[40]。

表 3-3 Fedwire 与 CHIPS 的主要区别

	Fedwire	CHIPS
结算方式	实时全额结算RTGS	延迟净额结算DNS
运营主体	美联储	纽约清算所
所有者	美联储	会员机构
直接接入机构数量	数千家	几十家（会员制）
风险控制	允许一定额度的透支	预存资金无透支额度
交易费用	较高	较低

资料来源：上海发展研究基金会整理。

需要注意的是，CHIPS 采用会员制，且会员只有数十家，皆为大型银行及金融集团。只有会员机构才能直接接入 CHIPS 参与清算，其他离岸非会员机构则需要通过 CHIPS 会员海外分支机构代理的方式，间接借入 CHIPS 完成美元清算，这一点类似于传统的外币代理行清算模式（见表 3-3）。

2. 欧元跨境大额清算基础设施：TARGET2+EURO1

欧元跨境大额清算的核心基础设施为二代泛欧实时全额自动清算系统（TARGET2）和 EURO1。在对其进行介绍之前，需要首先对"单一欧元支付区（SEPA）"这一关键概念进行必要的说明。SEPA 是欧洲央行（European Central Bank，ECB）在 20 世纪 90 年代末提出的概念，目的主要是解决彼时欧洲跨境支付清算安排复杂且低效的问题，期望 SEPA 域内国家之间的跨境支付达到境内非跨境支付清算的效率，从而提高欧元的使用效率。在 ECB 的倡议下，欧洲银行协会（Euro Banking Association，EBA）和欧洲支付委员会（European Payments Council，EPC）设置了欧洲清算系统的一系列规范与标准，促成了 TARGET2 和 EURO1 的诞生。

（1）TARGET2

TARGET2 的产生背景是原欧元清算支付系统第一代 TARGET（TARGET1）存在诸多问题。简单来说，TARGET1 是一个基于复合式技术平台的大额清算系统，即欧元区内部的欧元跨境清算仍需依赖各个国家内部的大额支付清算体系，这导致基于 TARGET1 的欧元清算都十分烦冗低效，无法适应 SEPA 倡议的要求[①]。因此，欧元体系（EuroSystem）[②]顺势推出了 TARGET2 这一全新的欧元大额清算系统，在单一技术平台（Single Shared Platform，SSP）上提供统一的欧元清算服务，以提高效率并降低运营成本。TARGET2 于 2007 年 11 月上线，到 2008 年 5 月就完全取代了 TARGET1。

TARGET2 属于加强型的 RTGS，支持实时全额和延迟净额结算等不同结算方案，其具体工作原理如图 3-11 所示。跨境支付的交易双方向本国开户行发送交易支付指令（借记或者贷记指令），开户行则分别向本国央行传达该指令，最后由交易双方所在国的央行通过 TARGET 2 完成数据交换，并完成资金交收。结算完成的结果是资金支出国央行产生一笔 TARGET 债务，而资金接收国央行则产生一笔 TARGET 资产；相应地，资金支出国的开户行减少等额

---

① TARGET1 于 1999 年初开始运营，目的是应对同年新货币欧元推出导致欧洲货币体系重塑而产生的支付清算问题。从某种程度上看，TARGET1 本是个临时性安排，注定要被取代。

② EuroSystem 为德意志联邦银行、法兰西银行和意大利银行所有，TARGET2 也由这三家中央银行所开发。

的超额准备金,而资金接收国的开户行增加等额的超额准备金;交易双方在各自开户行中的账户余额也发生相应的增减变化。

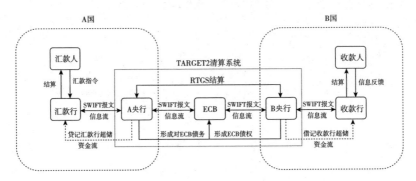

图3-11 TARGET2的欧元大额跨境支付清算逻辑

资料来源:上海发展研究基金会整理绘制。

目前,TARGET2系统承接了超过90%的欧元清算业务,包括欧元区国家内部的欧元大额清算业务和全球范围内跨境欧元大额清算业务。金融机构共有四种方式连接该系统:直接参与(Direct participation)、间接参与(Indirect participation)、多地址访问(Multi-addressee access)和可寻址银行识别码访问(Addressable BIC)(见表3-4)。

此外,TARGET 2用于在欧元区进行货币政策操作,但尚未采用欧元的欧盟成员国的中央银行也可以选择参与TARGET2并通过该平台以欧元结算交易。总的来看,TARGET2是全球欧元支付清算最主要的基础设施,其特点是同时涵盖了欧元区国家境内和跨境支付清算,与中美境内外相分离的支付清算体系有明显区别。

表 3-4 金融机构连入 TARGET2 的四种途径

直接参与	适用于在欧洲经济区（EEA）成立的金融机构，在TARGET 2中持有中央银行资金的RTGS账户，代表自己或代表其客户发送和接收付款
间接参与	适用于在EEA成立的金融机构，通过TARGET 2的直接参与者发送和接收付款
多地址访问	适用于EEA直接参与者的分支机构和子公司，有权通过直接参与者的账户进行支付
可寻址银行识别码访问	适用于持有银行标识符代码（BIC）的直接参与者的通信机构，而无论其成立地址在何处

资料来源：欧央行 https：//www.ecb.europa.eu/paym/target/target2/html/index.en.html。

（2）EURO1

除了 TARGET2 之外，EURO1 也承担了少部分的欧元大额清算。EURO1 由欧洲银行业协会（EBA）开发，并于 1998 年由 EBA 清算公司负责运营。目前 EURO1 的直接参与银行共有 35 家，日均处理逾 18 万笔欧元大额支付，涉及资金规模约为 1 900 亿欧元[41]。与 TARGET2 不同，EURO1 采用 RTGS-Equivalent 的结算方式，本质上属于净额结算。但与常规意义上的多边净额结算不同的是，EURO1 为每笔已处理的支付提供即时的最终确认（Finality），并锁住银行关于该笔交易的头寸。此外，参与银行并不需要管理多个双边头寸，而只需管理一个多边头寸[42]。

EURO1 的 RTGS-Equivalent 运营模式使银行能够显著减少支持其支付业务所需的流动性。由于 EURO1 中存在的日内限额，个人付款不像 RTGS 结算那样需要资金事先完全覆盖，因此银行不需要在一天开始时预先注资。借方上限的可用性允许参与者拥有即时发送能力并发送付款，而无须等待传入资金。这大大降低了银行的流动性和资本支持成本。虽然基于信用的净额结算能节省银行流动性,但也不可避免地带来了更高的风险。正因如此,EURO1 的清算金额明显低于 TARGET2。

3. 人民币跨境大额清算:传统模式与 CIPS

(1)传统人民币跨境清算模式:人民币 NRA 账户、代理行和清算行

在 CIPS 之前,境内非居民账户(Non-Resident Account,NRA)、代理行(Correspondent Bank)与清算行(Clearing Bank)是人民币跨境清算的三大渠道。

人民币 NRA 是境外企业经中国人民银行当地分支机构批准后,在境内申请开设的非居民银行人民币结算账户,直接通过境内银行行内清算系统或者中国人民银行跨行支付系统完成人民币资金的跨境清算与结算(张亚楠,2015)[43]。外汇管理局于 2009 年发布了《关于境外机构境内外汇账户管理有关问题的通知》,任何 NRA 账户的开户需要在外汇管理局申请特殊机构赋码,以申报国际收支。NRA 账户资金性质视同在境外,与境外账户的划转可凭指令办理履行相应手续后,境外机构人民币银行结算账户内的资金可购汇汇出。NRA 清算模式的特点是,整个资金结算链条都锁定在境内,直接通过境外企业在境内银行开立的非居民账户办理,清算环节较少,相对便捷(罗刚,2020)[44]。

值得一提的是,除 NRA 账户外,离岸账户(Offshore Account,OSA)也具有跨境结算功能。相较于 NRA 账户,OSA 账户更强调资金的"外来外用",实行了与境内严格分离的管理模式。OSA 账户开户币种仅限可自由兑换的货币,并未开放人民币,无法办理结

售汇业务，因此并未像 NRA 一样成为人民币跨境清算账户。

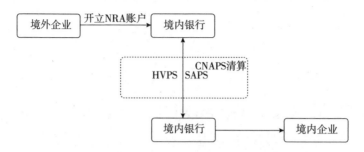

图 3-12　NRA 账户下的人民币跨境清算

资料来源：上海发展研究基金会整理绘制。

"代理行"模式是更为广泛和流行的国际贸易结算模式。境内具备国际结算业务能力的商业银行作为"境内代理行"，通过与"境外参加行"签订《人民币代理结算清算协议》，代理境外参加行进行跨境贸易人民币结算支付业务。

具体而言，境内代理行可为境外参加行办理的业务包括：开立人民币同业往来账户，对上述账户的开立设定铺底资金要求并为铺底资金提供兑换服务，在中国人民银行规定的限额内购售、拆借人民币以满足人民币结算需要，按照中国人民银行规定的额度和期限要求进行人民币账户融资以满足账户的临时性流动性需求。这样境外参加行接受当地企业的人民币结算申请后，可以按代理清算协议，委托境内代理行为其提供人民币资金清算服务。

这一清算模式的主要特点是，境外参加行在代理行开立人民币账户，在整个清算链条中，处于至关重要的跨境环节，即人民币资金在境外参加行和境内代理行间的转移是通过 SWIFT 完成的，其流程如图 3-13 所示。

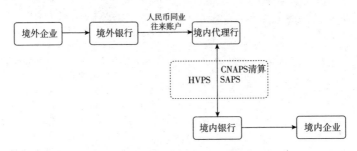

图 3-13 代理行模式下的人民币跨境清算

资料来源：上海发展研究基金会整理绘制。

最初的跨境人民币结算"清算行"模式是面向在中国香港和澳门地区的清算行开立了人民币同业清算账户的境内参加行及境外参加行客户的。这一模式下，人民币业务的境外"清算行"一方面被授权与自愿接受清算条件和安排的境外商业银行（不仅限于港澳地区）即"境外参加行"签订人民币业务清算协议，为这些境外参加行开立人民币账户，并按协议为其办理人民币拆借和清算业务；另一方面与中国人民银行的现代化支付系统相连接，按照中国人民银行有关规定从境内银行间外汇市场、银行间同业拆借市场兑换和拆借资金。与境内人民币市场建立人民币流通、清算的渠道。于是参与跨境贸易人民币结算的境外企业就可以向境外参加行或直接向境外清算行提出人民币结算申请，并由清算行最终完成结算业务。

典型的"清算行"模式的主要特点为，境外参加行在清算行开立人民币账户，在整个清算链条中，处于至关重要的跨境环节即人民币资金在境外清算行和境内结算行间的转移是通过中国现代支付系统（CNAPS）完成的，其流程如图 3-14 所示。

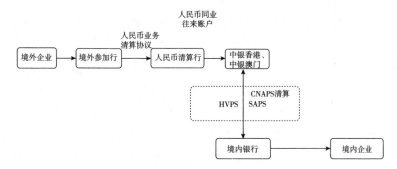

图 3-14 清算行模式下的人民币跨境清算

资料来源：上海发展研究基金会整理绘制。

（2）CIPS

传统的 NRA、代理行与清算行的清算模式仍有诸多问题，主要是因为境外企业直接参与境内人民币支付清算的意愿不强且成本较高，而在境外银行参与人民币结算的代理行与清算行模式中，境外银行都并非直接参与人民币清算，成本效率都不尽如人意，尤其是人民币清算行对离岸人民币的流动性要求较高。综上所述，传统的人民币清算模式具有较大的局限性，不利于推进人民币国际化。因此我国于 2012 年开始参照 CHIPS 建立 CIPS 系统作为人民币跨境支付清算的主渠道。

CIPS 运营公司为跨境银行间支付清算有限责任公司，总部设在上海。截至 2023 年 11 月，CIPS 共有 119 家直接参与者，1 362 家间接参与者[①]，其中亚洲 1 010 家（含境内 563 家）、欧洲 238 家、非

---

① CIPS 直接参与者是指具有 CIPS 行号、直接通过 CIPS 办理人民币跨境支付结算业务的境内外机构，包括在中国人民银行大额支付系统有清算账户的境内机构和委托的境内直接参与者作为资金托管行的境外机构；CIPS 间接参与者是指未在 CIPS 开立账户但具有 CIPS 行号且委托直接参与者通过 CIPS 办理人民币跨境支付结算业务的境内外机构。

洲48家、北美洲28家、大洋洲21家、南美洲17家[45]（见图3-15）。

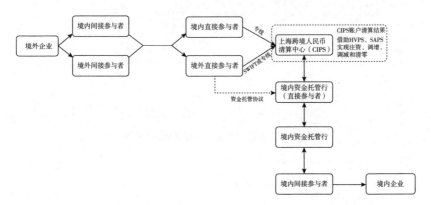

图 3-15　CIPS模式下的人民币跨境清算

资料来源：上海发展研究基金会整理绘制。

需要强调的是，CIPS与SWIFT并非相同性质的系统，因此不存在替代关系。然而，有不少声音表示CIPS能取代SWIFT，但该说法属于概念混淆。CIPS是人民币跨境支付清算系统，对标的是其他货币的跨境支付清算系统，如美国的CHIPS；而SWIFT是在支付清算各环节中传递报文的组织。因此，二者存在本质上的差别。即便理论上CIPS内含其独特的报文格式并提供报文服务，且CIPS报文可与SWIFT报文转换对接，也不代表CIPS格式的报文在人民币清算领域能完全取代SWIFT。这一方面是由于人民币的国际化程度并不高①，另一方面SWIFT仍是国际绝对主流的报文传输系统，是国际贸易投资者的首选。并且，为了更好地兼容，CIPS设定了其境外直接参与者可以选择通过SWIFT或CIPS任意一种报文格式实

---

① SWIFT数据显示，人民币支付份额在2021年升至3.2%，超过日元成为第四大活跃货币，但对比美元和欧元仍有巨大差距。

现交易信息的传递,而事实上绝大部分通过 CIPS 进行的人民币跨境清算仍使用 SWIFT 进行报文传输。这种现状除了全球重要支付清算节点如大型银行对 SWIFT 报文系统使用的路径依赖外,还离不开 SWIFT 在行业标准和新技术领域方面的探索,全球支付清算尤其是跨境部分的效率和成本得到了明显改善。如 2017 年 SWIFT 及其社区推出了全球支付创新(Global Payments Innovation,GPI)这一跨境支付新标准,引入了交易标识符和追踪器,使得通过 GPI 进行的每一笔跨境支付的全部资金流动轨迹和交易状态都可以被实时掌控,同时缩短了交易周期,并为银行等客户减少了多达 50% 的付款查询费用[46]。目前,SWIFT 的全部跨境支付都已遵循 GPI 标准。此外,SWIFT 已经在通过区块链技术对资产进行代币化的领域上有所成果。根据 SWIFT 数据,97% 的机构投资者认为代币化将彻底改变资产管理行业,但代币化目前面临着严重的制约因素:代币化资产是在不同的区块链上管理的,每个区块链都有自己的功能和流动性。这些区块链之间的互操作性至关重要,否则金融机构必须与每个平台建立连接,从而产生重大的运营挑战和成本。SWIFT 与十多家主要金融机构和市场基础设施以及领先的 Web3 服务平台 Chainlink 合作,成功地证明了它可以使用现有的安全基础设施为多个网络提供单点访问,从而大大减少了机构支持代币化资产开发所需的运营挑战和投资[47]。总的来说,SWIFT 在其实验中成功地实现了跨多个公共和私有区块链的代币化价值无缝转移,或将消除阻碍代币化资产市场增长的重大摩擦。未来区块链上的跨境支付或跨境资产交易可能将以十分高效的方式且低廉的成本进行。

客观而言,SWIFT 仍保持着在支付清算报文系统中的垄断地位,无论是 CIPS、CHIPS 还是其他货币的支付清算系统都离不开 SWIFT 的支持。并且在可预见的将来,这种垄断地位难以被撼动,因此 CIPS 不仅不能切断与 SWIFT 的联系,还需要后者为 CIPS 自身的发展提供支持。但伊朗和俄罗斯的主要商业银行分别在伊朗核问题、克里米亚危机和俄乌冲突爆发期间都受到了 SWIFT 制裁,这些银行无法在制裁实施期间获得 SWIFT 报文服务,导致这些国家的跨境甚至境内支付清算无法正常进行。这启示我们,若发生极端事件,SWIFT 同样有可能对中国主要银行实施制裁,因此这对中国来说也是一个挑战(见表 3-5)。

表 3-5 CIPS 的参与者类型

类型	境内直接参与者	间接参与者	境外直接参与者
CIPS 行号	专线	通过直接参与者接入	通过SWIFT等通用网络或者专线接入
账户开立	在CIPS开立零余额账户	不在CIPS开立账户;在直接参与者开立同业往来账户	在CIPS开立零余额账户
大额支付系统	直接参与	可为非参与者	可为非参与者
注资及调增	直接通过大额发起	不需注资	通过境内资金托管行发起
支付业务发起	直接发起	通过直接参与者发起	直接发起

资料来源:WalletsClub.

(3)人民币跨境收付信息管理系统

在人民币跨境支付清算的背后,中国人民银行还对相关资金转移信息以及背后可能存在的业务信息进行记录和管理,这部分工作便依靠人民币跨境收付信息管理系统(RCPMIS)完成。包括上述人民币 NRA 账户、代理行、清算行以及 CIPS 在内的不同清算渠道的跨境人民币业务都必须经过 RCPMIS。中国人民银行要求商业银行在业务发生日的日终，至次日上午 10 时前向其及时、准确、完整地报送人民币跨境收付及相关业务信息。RCPMIS 是中国人民银行核心信息系统的重要组成部分，属于事后信息报送系统，帮助中国人民银行对跨境人民币信息进行收集、监测、统计、分析和管理，并为人民币跨境业务开展提供信息支持。

RCPMIS 主要采集和报送的信息种类有三种，一是基础信息，包括激活企业信息、采集机构信息以及各种其他代码；二是业务支持信息，包括人民币报关单信息和企业激活信息；三是银行报送跨境人民币结算信息，包括资金收付信息、业务记录信息和存量信息。RCPMIS 的主要作用有六点：一是收集跨境人民币的资金流信息和人民币报关的跨境物流信息；二是掌握人民币跨境债权债务情况；三是对境内银行跨境人民币业务实施监管；四是收集银行和港澳清算行办理的各类跨境人民币业务情况的信息，评估监测和统计分析有关情况；五是为境内银行办理业务提供必要的信息支持；六是与相关部门开展数据交换，实现数据共享，提供信息服务。RCPMIS 由 1 个数据库、2 个业务平台和 13 个业务模块组成。一个数据库部署在中国人民银行总行信管中心，集中存贮全国各地所有人民币跨境收付信息和人民币跨境业务相关信息；两个业务平台分别为管理平台和服务平台，前者用于中国人民银行系统内各部门和分支机构，发挥监管、监测、统计、分析、研究等功能，后者为银行、海关、税务等外部机构提供查询服务；13 个业务模块是 RCPMIS 根据具体业务领域划分的，包括跨境收付、跨境货物贸易、跨境服务贸易、跨境购售、跨境担保、跨境投资、人民币同业往来账户、跨境资金划转、账户余额、债权债务、跨境贸易融资、跨境账户融资、跨境拆借[48]。

4. 部分国际金融中心的大额支付清算体系

部分国际金融中心城市如中国香港、新加坡的支付清算体系较为特殊，由于其本身经济体量有限，在国际经济中更多地扮演转口贸易和跨境金融服务的角色，因此其支付清算体系并无境内外之分。

（1）香港 CHATS

香港同业间支付系统由纸支票清算（CLG）、电子清算（ECG）和清算所自动转账系统（Clearing House Automated Transfer System, CHATS）三部分组成。其中，由香港银行间同业结算有限公司建立并负责运营的 CHATS 是最主要的大额清算方式。

CHATS 对同业间的资金划拨进行电子化处理和结算，属于 RTGS 系统，对每笔交易进行实时全额结算，采用外汇交易同步交收（PvP）交割方式。CHATS 由 4 个子系统组成：港元即时支付系统（HKDCHATS）、美元即时支付系统（USDCHATS）、欧元即时支付系统（EuroCHATS）和人民币即时支付系统（RMBCHATS），分别为港元、美元、欧元和人民币提供支付清算服务。

在结算系统层级方面，港元即时支付系统采用单层架构，根据《外汇基金条例》，所有香港持牌银行均必须加入 HKDCHATS；美元和欧元即时支付系统采用双层架构，香港银行有权使用 USDCHATS 和 EuroCHATS，并可向结算机构申请成为直接成员，也可通过由直接成员交收其支付项目的方式申请成为间接成员，其他金融机构若拟参与，须经金管局及结算机构审批；人民币即时支付系统与人民币清算行模式相连，也采用了双层架构。香港及境外银行均可于清算行开设人民币交收账户，以直接加入 RMBCHATS。境外银行及金融机构也可选择通过香港的直接成员交收其支付项目，从而间接加入该系统，但须经金管局及清算行审批。

除了常规的支付清算方面，CHATS 系统还与债务工具中央结算系统（CMU）[①]联网，为债券交易跨境清算交收提供服务，主要包含跨境联网服务和债券通联网服务两个模块，为香港地区跨境证券交易中的证券托管和结算等关键环节奠定了基础（见图 3-16）。

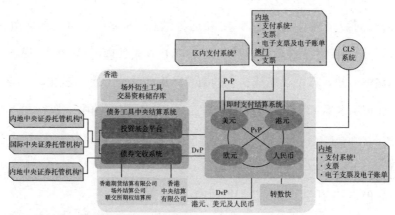

1. 中国现代化支付系统、人民币跨境支付系统及深圳金融结算系统；
2. 中国境内外币支付系统，以及深圳及广东省的即时支付结算系统联网；
3. 与马来西亚、泰国及印尼的PvP联网；
4. 与中央国债登记结算有限责任公司及银行间市场清算所股份有限公司（「债券通」），以及与中国证券登记结算有限责任公司（「基金互认安排」）跨境联网；
5. 与明讯结算系统及欧洲清算系统跨境联网；
6. 与澳洲Austraclear、韩国证券预托院及台湾集中保管结算所跨境联网。
   DvP—货银两讫交收
   PvP—外汇交易同步收
   CLS系统—Continuous Linked Settlement系统

图 3-16　香港金融基础设施概览

资料来源：香港金管局[49]。

---

① CMU 为金管局和其他债务工具发行人提供债券托管和清算服务，从而进行货（债）银两讫（DvP）的实时交收。

(2) 新加坡 MEPS+

新加坡同业大额支付系统全称为"新加坡金融管理局电子支付系统"（Monetary Authority of Singapore Electronic Payment System Plus, MEPS+）。根据新加坡《支付服务法》（PS Act），MEPS+ 被认定为具有系统重要性的支付系统（SIPS），即一旦中断可能导致新加坡金融体系无法正常运转。MEPS+ 的前身 MEPS 在 1998 年 7 月上线，2006 年 12 月时新加坡金融管理局（MAS）发布并上线了新版的 MEPS，称为 MEPS+。

MEPS+ 同样采用了实时全额的清算方式，由两个子系统构成：银行间资金转移（IFT）系统和证券结算（SGS）系统，前者处理银行同业间的资金清算，后者采用 DvP 方式处理证券交收。得益于 MEPS+ 的 4 点主要功能，它的清算效率较高[①]。截至 2022 年 5 月，MEPS+ 共有 63 家银行直接参与，其中包括我国的中国银行和工商银行。除了直接参与者外，MAS 的客户也可以从 MEPS+ 系统中受益，如国际金融机构和其他央行，它们能够以交付与支付的方式在 MEPS+ 中持有和结算新加坡政府证券[50]。

5. 新型技术支付清算：以瑞波 xCurrent 为例

瑞波（Ripple）公司运用了跨账本协议（Inter Ledger Protocol, ILP）、分布式账本技术（Distributed Ledger Technology, DLT）、特

---

① 根据 MAS 官方描述，MEPS+ 的主要功能包括 4 点：第一，信息传递使用 SWIFT 报文格式和网络；第二，支付队列采用高级队列管理机制，帮助参与者更好地管理其结算风险；第三，交易日内自动抵押提供流动性，减少了排队交易的数量和时间；第四，交易死锁自动检测和处理。这些功能在不同方面提高了 MEPS+ 的清算效率。

殊节点列表（Unique Node List，UNL）、共识机制 RPCA（Ripple Consensus Algorithm）等区块链技术，打造了 xCurrent、xRapid 和 xVia 三大产品。其中，xCurrent 主打银行间大额跨境转账。具体而言，Ripple 网络在银行间设立了分布式的账本，ILP 系统替代了 SWIFT 等传统的报文机构，通过算法处理交易信息，ILP 也支持现有的报文格式，如 SWIFT FIN 或最新的 ISO 20022 标准[51]。

xCurrent 系统可以进一步分解为四个组件[52]：Messenger、FX Ticker、验证器（Validator）和跨账本协议[53]。具体而言，Messenger 使瑞波网络（RippleNet）连接的银行能够相互通信并交换风险信息、KYC 信息、付款详细信息以及预期资金交付时间等。FX Ticker 是瑞波网络上流动性提供商发布其外汇汇率的空间，使交易参与者实时查看不同法币之间的实时汇率。FX Ticker 还与 ILP 账本配合使用，以验证外汇价格，并将启动从一家银行的 ILP 账本到另一家银行的 ILP 账本的付款转账。在瑞波网络中，验证器与 ILP 账本共同确认交易信息，以确保所有移动都是合法的，只有通过验证器的验证程序后，交易才能最终得以执行；最后，参与 Ripple 支付协议的每家银行都有自己的 ILP 账本，用于跟踪其所有借方、贷方及其流动性。交易发生时，ILP 系统中的密码算法为这两个账本系统和连接器创建资金托管，瑞波网络中所有节点通过共识机制修改总账并实现结算。由于 ILP 账本可以通过跟踪所述数据来自动结算各方之间的转账，所以通过 xCurrent 系统的结算速度快，一般 4 秒内就可以完成，且无结算风险。此外，费用低也是瑞波跨境结算的优势之一。目前，全球有 200 多家银行与瑞波合作，使用 xCurrent 进行国际结算。根据测算，使用 xCurrent，银行最多可以降低 33% 的资金成本，其流图如图 3-17 所示。

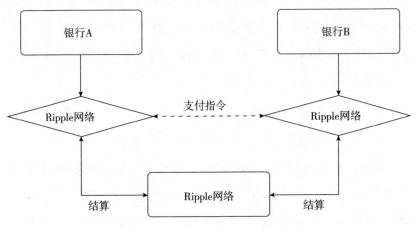

图 3-17　RIPPLE 跨境支付的逻辑

资料来源：上海发展研究基金会整理绘制。

该支付系统天然是跨境的，因为其底层架构与传统支付清算系统完全不同。区块链和分布式账本的技术特点决定了该系统很少依靠传统的中心化支付清算基础设施，因此几乎不受地域限制，天然具备跨境属性，或者说是否跨境对于该系统没有区别。

但瑞波的缺陷也同样明显，两家银行进行转账交易时，需要第三家代理行（Correspondent Bank）为双方交易结算，交易银行则需要在通讯银行开设往来账户，且三家银行都必须加入瑞波网络，使用同一套分布式账本。分布式账本的处理能力相对于集中式账本十分有限，很难完全满足日渐增长的跨境支付需求。

四、银行间跨境外汇交易基础设施：银行间跨境外汇交易系统

（一）传统跨境外汇交易的风险与 CLS 的诞生

传统的银行间跨境外汇交易是基于银行之间的合约、互信以及双方境内的支付清算体系完成的。简单来说，交易银行在各自境内先后支付等价的当地货币给对方在其境内的分支机构。但这种交易方式存在赫斯特风险（Herstatt Risk）[①]，即由于不同地区间交易时间的差异以及资金实际交收存在先后顺序带来的结算风险。为了消除该风险，国际清算银行于 1995 年提出了一个基于 PvP（Payment Versus Payment，款项对付）的外汇交易方案。为了推进这一提案，G20 银行于 2002 年底成立了一个专用的金融机构 CLS（Continuous Linked Settlement）Bank International，其构建的 CLS 系统发展至今已成为跨境外汇交易领域最重要的基础设施之一（见图 3-18）。

[①] 1974 年，西德银行 Herstatt Bank 与美国纽约的对手方交易，但两地存在 5 个小时的时差。欧洲市场上马克先被交割给 Herstatt Bank 了，但在纽约开市完成对其对手方的美元交割之前，Herstatt Bank 已破产，导致美元交割失败，从而引发了一系列违约，导致了超过 6 亿美元的损失。

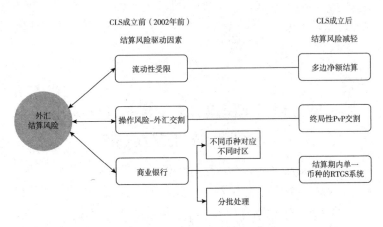

图 3-18 跨境外汇交易模式的变迁

资料来源：Introduction to CLS，May 2015.

（二）组织架构与经营概述

CLS 属于私营机构，其股东为所有直接参与的金融机构，截至 2022 年 6 月共有 76 家银行股东，对接 18 个国家和地区的大额清算系统，间接服务了超过 30 000 家有外汇交易需求的各类机构，支持全球最活跃的 18 种货币间的外汇交易，日均交易额等值超过 6 万亿美元[54]。CLS 受美联储的直接监管和监督，同时受 CLS 监督委员会（OC）①的合作监督。此外，CLS 作为具有系统重要性的金融市场基础设施，还受到 BIS、CPMI 和 IOSCO 等其他全球性市场监管机构的监督。

（三）CLS 的工作原理及特点

结算风险是指一方交付其出售的货币但未收到从交易对手处

---

① 监督委员会目前有 23 名成员，包括 18 家使用 CLS 结算货币的中央银行以及其他 5 家欧元体系中的中央银行。

购买的货币风险,是外汇交易中面临的主要风险。CLS 的核心职能就是最小化结算风险,具体而言,CLS 推行 PvP 交割模式以控制结算风险。简单来说,CLS 在跨境外汇交易中充当无相关利益的中间人,交易双方将外汇资金分别交给 CLS,待确认交易信息并验证交易金额后,CLS 连接交易双方的境内大额支付系统同时完成外汇结算。通过 CLS 进行的外汇交易大致可分为两个步骤。

第一,银行向 CLS 提交外汇交易请求并进行实时全额清算。在交易日,CLS 交易负责对双方的交易请求进行匹配(Matching)并对交易双方在 CLS 的多币种账户上完成记账,包括 Value-date(交割日)、Pay-in(卖出币种)和 Pay-out(买入币种)等信息。CLS 在交割日进行结算,CLS 对每一个币种采取多边净额(Multilateral Netting)结算,计算出各个机构的关于各交易货币的净差额(Basis)。

第二,CLS 帮助结算成员完成不可撤销且具有终局性的资金交收(Funding,包括处理 Pay-in 和 Pay-out)。具体而言,每个结算成员在 CLS 设有一个多币种账户,CLS 通过该账户与 SWIFT 连接交易双方所在地的大额支付系统,发起净额结算的付款指令并完成最终的资金交割。在正常结算日的开始和结束时,每个结算成员的账户余额为零,清算银行通过大额支付系统将足额资金从央行清算账户转入 CLS 清算账户中,结算日终,余额将原路返回至央行清算账户。

净额结算引出了 CLS 的另一个重要作用,即节约流动性。简单来讲,外汇交易量庞大,若采用全额结算虽然能够保证交易的安全性，但毫无疑问会极大增加流动性占用、降低交易效率，还可能引发流动性危机。因此 CLS 虽然在内部账户对每笔交易实施全额清算，但并不直接进行实时结算，而是为银行提供了延迟净额的资金交收服务，降低了银行整体的流动性风险（见图 3-19）。

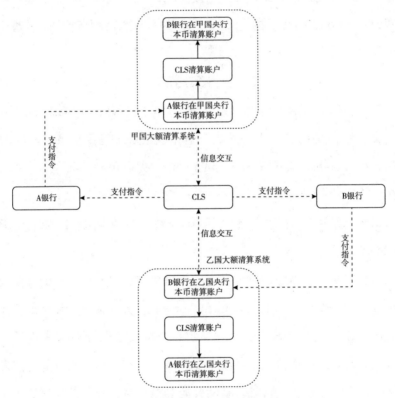

图 3-19　CLS 的外汇交割流程

资料来源：上海发展研究基金会整理绘制。

总的来看，CLS 的出现大大减少了外汇交易的信用风险和流动性风险，但当前全球外汇交易结构正在发生新的改变，外汇交易面临的不确定性仍较高。根据 Bech & Holden（2019）[55]的研究，自

2013年以来,外汇结算风险在相对值和绝对值上都有所上升,这主要是因为在CLS交易货币之外的外汇交易量不断增长,具有PvP保护的外汇交易比例从2013年的50%下降到2019年的40%。为了降低全球风险,需要鼓励外汇市场参与者在可能的情况下使用PvP交易方式,并进一步将新兴市场的更多货币纳入CLS交易货币的范围。

五、跨境证券结算基础设施

(一)跨境证券结算基本定义

按照欧洲央行的定义,证券结算是当投资者买卖证券时,证券和资金所必经的双向流转过程[56]。根据中国结算的定义,证券交易结算可分为清算和交收两个过程:通过清算,确认交收日各交易参与方的债权、债务关系;通过交收,完成证券和资金的实际收付[57]。

在成熟的国际金融市场如美国金融市场中,资本项目可自由兑换,并无区分本国投资者和外国投资者的特别约束,投资者主体地位也并无区别,因此并不存在跨境证券交易基础设施一说。但对于类似中国内地的金融市场,目前还处于发展阶段,资本项目还存在管制,因此存在特定的制度性安排来实现跨境证券交易。

（二）我国主要的跨境证券交易基础设施及其基本运行流程

经过 20 多年资本市场的开放，境外资金进入我国境内进行证券投资的渠道不断丰富，目前主要有 6 种渠道：第一，合格境外机构投资者（QFII）、人民币合格境外机构投资者（RQFII）的认定；第二，银行间债券市场投资，包括三类机构运用人民币投资银行间债券市场和银行间债券市场直接投资（CIBM Direct）；第三，债券通管道；第四，陆股通管道；第五，沪伦通管道；第六，B 股市场。

QFII 和 RQFII 分别在 2010 年和 2011 年推出，不考虑资金支付清算环节，主要涉及的金融基础设施包括资金托管行、证券簿记及结算机构。境外机构投资者在申请资格认定时，在我国境内投资前需要指定 1 个资金托管人以参与资金托管，资金托管人需满足 7 个条件[①]。除了内资银行外，外资商业银行境内分行在境内持续经营 3 年以上的，也可申请成为托管人，目前已有汇丰中国、花旗中国、渣打中国、德银中国、星展中国、三菱东京日联银行（中国）和法国巴黎银行 7 家外资银行获得了资金托管资格。在证券簿记和结算方面，中证登负责处理一级结算，商业银行（托管人）或者证券公

---

① 第一，设有专门的资产托管部；第二，实收资本不少于 80 亿元人民币；第三，有足够的熟悉托管业务的专职人员；第四，具备安全保管合格投资者资产的条件；第五，具备安全、高效的清算、交割能力；第六，具备外汇指定银行资格和经营人民币业务资格；第七，最近 3 年没有重大违反外汇管理规定的记录。

司处理对具体 QFII 或 RQFII 的二级结算[①]。

银行间债券市场近年来开放程度显著提高。2010 年，中国人民银行发布《关于境外人民币清算行等三类机构运用人民币投资银行间债券市场试点有关事宜的通知》（银发〔2010〕217 号），允许境外央行或货币当局、中国港澳地区人民币业务清算行、跨境贸易人民币结算境外参加银行投资银行间债券市场。其中，前两者机构还可直接开立债券账户、办理交易联网手续，无须委托结算代理人进行交易和结算。

2016 年 2 月，国家外汇管理局发布《关于进一步做好境外机构投资银行间债券市场有关事宜的公告》（央行〔2016〕第 3 号），对符合条件的境外机构投资者无投资限额地开放银行间债券市场，但投资机构需要委托具有国际结算能力的银行间市场结算代理人来进行交易和结算。

2022 年 5 月，中国人民银行、中国证券监督管理委员会（简称"中国证监会"）、国家外汇管理局发布联合公告〔2022〕第 4 号《关于进一步便利境外机构投资者投资中国债券市场有关事宜》，进一步简化了境外机构投资者投资中国债券市场的审批程序。符合条件的境外机构投资者可以法人身份直接投资交易所债券市场，备案审

[①] 根据《中国证券登记结算有限责任公司上海分公司合格境外机构投资者和人民币合格境外机构投资者境内证券投资登记结算业务指南》（中国结算沪业字〔2020〕159 号），参与股票、债券、证券投资基金等证券交易，可选择委托商业银行（托管人）或证券公司办理证券资金结算业务，商业银行（托管人）或证券公司作为结算参与人应当就其负责结算的证券交易承担对中国证券登记结算有限责任公司（以下简称中国结算）的交收责任。合格境外投资者参与股票期权、融资融券等证券交易，只能委托证券公司办理证券资金结算业务，证券公司作为结算参与人应当就其负责结算的证券交易承担对中国结算的交收责任。

批程序大大简化。此外，境外机构投资者投资银行间债券市场可自行选择结算代理或托管银行模式。

债券通（北向通）管道与CIBM Direct不同，并不采取结算代理模式。根据《中国人民银行香港金融管理局联合公告》，债券通采用多级托管模式，中央国债登记结算有限责任公司和上海清算所为总登记托管机构，CMU为次级托管机构。其债券登记托管、清算结算、付息兑付、公司行为等业务均由上海清算所及CMU的互联互通机制安排办理，境外投资者可直接通过具备CMU成员资格的香港托管行开立CMU子账户，或通过全球托管行与香港托管行联络开立[58]（见图3-20）。

此外，在资金清算中，CIPS为支付信息传递的基础设施：CIPS与境内托管机构债券簿记系统建立自动化联接，以逐笔实时、DvP方式办理"北向通"业务的债券和资金结算[59]。

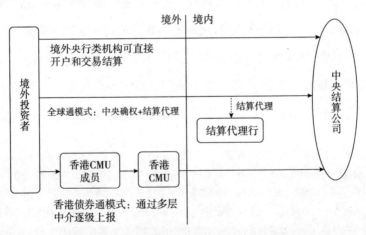

图3-20　全球通和香港债券通入市渠道示意图

资料来源：中国债券信息网。

陆股通是近年来发展最快的外资入境投资我国 A 股市场的安排，这主要依赖两地交易所（沪、深交易所及香港联合交易所）和证券登记结算公司（中国结算＜或称中证登＞以及香港结算）之间的管道式合作安排。

具体运作中，香港结算在中国证券登记结算有限责任公司（后文简称"中证登"）上海、深圳分公司分别开立沪市人民币普通股票账户与深市人民币普通股票账户，作为名义持有人持有境外投资者通过沪股通与深股通取得的证券。同时，中证登作为香港结算的结算机构参与者，按照其业务规则，根据其提供的清算数据，与香港结算完成证券和资金的交收，向其承担交收责任。上述证券结算过程中，分级结算制度变为了三层结构，比传统两层结构多了一层两地证券结算机构之间的安排：中证登负责办理香港结算及其他内地结算参与人之间的证券与资金的清算交收；香港结算负责办理与香港结算参与人之间证券和资金的清算交收；香港结算参与人负责办理与陆股通投资者之间证券和资金的清算交收。上述结算过程中，均采用 DvP 的交收方式。

沪伦通（东向通）与陆股通在一定程度上十分相似，在英国乃至瑞士和德国（扩容后）上市公司可在中国 A 股市场发行存托凭证（DR）并上市交易。其中，跨境转换机构在整体交易联通中属于关键金融基础设施，起到了联通东西市场的作用，包括境外托管人、境内托管人和境内券商。

B 股交易方面，相关跨境金融基础设施主要包括证券结算机构、资金存管银行和证券代理交易机构与上述管道涉及的基础设施差异不大，在此不做赘述。

严格来讲，上述境外资本投资我国证券市场的安排以及相关实体不能算作跨境金融基础设施，但客观上构成了跨境证券交易的制度性基础，是特定历史时期客观环境与主观发展要求下的阶段性产物，不仅具有重要的现实意义，同时也反映了我国证券市场的发展进程。

六、跨境衍生品交易基础设施：中央对手方

（一）CCP清算的定义与常见应用领域

衍生品的交易清算方式总共有三种，其中两种依赖CCP方式清算，包括基于交易所的场内交易和集中清算的场外交易，特别是对于场外利率衍生品清算[①]，CCP已经成为主导性的清算方式（见表3-6）。

表3-6　衍生品的三种交易清算方式

交易清算方式	特点
基于交易所的场内交易和清算	CCP清算，合约标准化程度高、灵活性低，但风险可控程度高，信息透明
场外交易并通过CCPs集中清算	CCP清算，合约灵活性高，风险相对可控，信息较为透明
场外交易与场外清算	非CCP清算，合约灵活性高，风险不可控，信息隐蔽

资料来源：上海发展研究基金会整理。

CCP清算方式主要依赖的跨境金融基础设施是充当中央对手

---

① 场外衍生品合约十分灵活，存在大量跨境交易，因此本文选取其作为跨境衍生品交易的代表。

方的清算所，当前全球主要的清算所有伦敦清算所（LCH）、洲际交易所（ICE）、芝加哥商业交易所（CME）、欧洲期货交易所（EUREX）、港交所集团（HKEX）等。

（二）CCP清算的基本流程与优势

CCP清算方式是由受市场广泛认可的大型金融机构充当中央对手方，与交易双方分别进行交易并完成结算，清算流程如下：以银行A、B作为交易双方为例，A、B银行分别与中央对手方交易，后者的资产负债表扩张，流动资产与负债等量增加，待反向交易后又回到初始水平（见图3-21）。

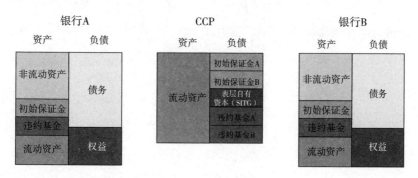

图3-21　CCP清算流程

资料来源：BIS。

CCP衍生品清算方式越来越受欢迎是在2008年全球金融危机之后，而此前多数衍生品交易清算是通过场外双边清算完成的。金融危机暴露了场外衍生品交易清算的信息隐蔽和风险不可控的巨大弊端，同时伦敦清算所的CCP清算在危机中表现出了优秀的风险抑制作用，因此越来越多的国家和地区倡导通过CCP方式完成衍生品清算，许多国家和地区甚至出台了规章制度，建立了强制性的衍生品清算框架。

早在 2009 年匹兹堡召开的 G20 金融峰会上，各成员国领导人就提出了"标准化场外衍生品交易均应实行中央对手方清算机制"的倡议[60]，随后大多数成员国制定了新规章制度以响应倡议。截至 2022 年初，金融稳定委员会（FSB）的 24 个成员国或地区中，已有 18 个地区制定了强制性的中央清算框架（IMF，2022）[61]。其中具有代表性的是欧盟 2015 年落地的，强制要求利率掉期（IRS）、基差互换（BS）、远期利率协议（FRA）和隔夜指数掉期（OIS）四种场外交易利率衍生品合约通过中央交易对手进行清算[62]。全球已有超过三分之二的场外利率衍生品都是通过 CCP 清算的，相较全球金融危机时期有明显提升（BIS，2018）[63]。

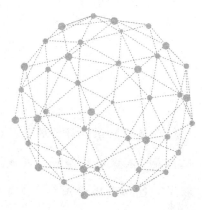

第四章

跨境金融基础设施的现状

跨境金融基础设施的跨区域、跨时间、跨货币属性决定了其必然是一项复杂的事务。发展至今，其已经形成一种相对稳定的格局，包括其供给主体、主导权、运行效能、市场竞争情况等。与此同时，在各种因素扰动下，跨境金融基础设施也处于持续的变局之中。本章内容从总体视角对跨境金融基础设施的现状特征加以提炼，以便让读者对跨境金融基础设施有更全面和直观的了解。

一、跨境金融基础设施已成为市场发展
不可或缺的基础支撑

　　跨境金融基础设施已经渗透到跨境交易、结算、往来的方方面面。截至目前，基本在每一个细分领域，都有相对完备的跨境金融基础设施供给，且形成了重点主体突出、布局错落有致、不同效能的基础设施有效并行的格局。从总体运行结构来看，银行支付清算体系是跨境金融基础设施的核心支柱。具体而言，大额跨境转账和小额跨境支付是直接建立于银行间支付清算系统之上的；外汇、证券和金融衍生品交易中的资金清算和交割需要银行支付清算体系的协助；第三方支付工具跨境支付在接收客户备付金、换汇或提现时也同样依赖于银行支付清算体系。银行支付清算体系仿若一个枢纽，中心运转的同时为其他跨境金融基础设施的顺利运行提供支持。

　　在具体领域，如在大额清算系统方面，RTGS 则是更加主流的系统。除了 RTGS 之外，DNS 也是大额清算领域常用的系统。RTGS 与 DNS 二者各有优劣，前者能更好地控制结算风险，后者对结算中头寸占用低且实际交割笔数小，资金使用效率高。大额清算系统处理的交易笔数相对小额支付较低，但每笔交易的金额大，需

要尽可能确保资金交割的安全性，因此绝大多数国家的大额清算系统更愿意使用 RTGS 结算方式。

自 2008 年全球金融危机以来，CCPs 也已经成为衍生品清算领域防止流动性风险蔓延的核心基础设施。无论是何种原因引发的金融危机，其引爆点都是货币市场的流动性枯竭，而货币市场的流动性枯竭可能由其他市场的风险暴露引发，其中最值得关注的便是体量大且监管难的衍生品市场。衍生品市场风险一旦传导到货币市场，中央银行制定的宏观政策往往已于事无补，因为危机时期恐慌情绪成为主导市场的因素，直接导致相关机构不计成本地抛售资产，资产端恶化以及企业破产速度之快远非宏观政策可挽回。CCPs 在此时便起到了遏制风险传导以及恐慌情绪的关键作用，如同防火墙一样阻挡金融危机进一步蔓延。以 2008 年金融危机的标志性事件雷曼兄弟破产为例，伦敦清算所作为牵涉较深的清算机构，在雷曼兄弟陷入危机时开始协调相关场外衍生品交易对手，迅速处置了包括 9 万亿美元利率互换在内的巨额未平仓头寸，避免了潜在的机构踩踏交易行为，没有给其他市场主体和 LCH 带来任何损失。对比之下，雷曼兄弟尚未纳入 CCPs 清算机制的 720 亿美元信用违约互换（CDS）未平仓头寸，最终给其他市场主体带来了大约 52 亿美元的净损失（许臻，2012）[64]。CCPs 交易机制以及充当 CCPs 的清算机构能在一定程度上遏制由于衍生品市场风险爆发导致的流动性危机蔓延，能极大限制金融机构在危机中的损失以及整体的负面冲击。

二、跨境金融基础设施的主导权
掌握在发达经济体手中

金融已经成为全球治理的关键领域,权利往往取决于对关键金融基础设施的控制(Bernards & Verduyn,2019)。发达经济体金融化发展处于领先状态,社会信用和支付体系建设较早,在跨境金融基础设施领域耕耘也更早。截至目前,全球重要的支付系统大多属于发达经济体,并处于国际金融中心的位置,如位于纽约的CHIPS、法兰克福的TARGET、伦敦的CHAPS(王晋斌,2022)[65]。代理银行关系这一关键跨境金融基础设施的提供者——全球性银行,也主要出自欧美等发达经济体。同时,发达经济体拥有众多大型金融部门,这也吸引全球性机构前往进行金融市场基础设施投资(Nilsson et al.,2022)[66],提高跨境金融服务的效率。在上述种种因素推动下,发达经济体在跨境金融基础设施方面拥有绝对的主导权。而发展中国家本身金融市场发展较为滞后,国内金融基础设施建设就存在较大的缺口,更遑论提供跨境金融基础设施,这导致其在跨境金融领域主要依赖发达经济体提供的跨境金融基础设施,尤其是近年来跨境银行关系的下降直接使得一些司法辖区无法充分进入全球金融体系(Rice & Peter & Boar,2020)[67]。

发达经济体对跨境金融基础设施的主导权会通过直接或间接的

外溢效应影响其他国家乃至全球金融市场。发达经济体依托核心跨境金融基础设施尤其是跨境支付结算体系推进其本国货币国际化，美元、欧元的国际化都离不开其强大的跨境金融基础设施，货币国际化不仅为货币发行国带来铸币税等显性利益，也带来全球市场定价权等隐性权利；发达经济体对跨境金融基础设施的主导权通过监管规则等渠道影响其他国家的发展，例如核心跨境金融基础设施对行业规则规范进行定义，主导国家将有利于自身的规则嵌入跨境金融基础设施之中；核心国家也能够通过监管全球性银行，对全球代理银行关系的供给产生影响。同时，由于全球依赖采用美元交易，多数美元最终经过跨境金融基础设施回流到美国，这使得其能对全球流动性施加控制，危机时期甚至成为全球金融不平衡拉大的中间渠道。此外，SWIFT 等部分跨境金融基础设施已经成为美元霸权的工具，美国通过其对其他国家实施金融制裁。

发达经济体的这种主导权主要体现在传统类型的跨境金融基础设施方面，尤其是代理银行关系仍然相对高效和可靠。不过，近年来，新兴经济体也在跨境金融基础设施建设方面有所建树，已经成为新型跨境金融基础设施的重要提供方。中国是其中的典型代表，阿里巴巴、腾讯等大型科技公司在全球性新型跨境金融基础设施领域正在发挥重要的作用。东南亚国家则由官方牵头，正在积极拥抱数字化基础设施，如 2022 年印度尼西亚、马来西亚、新加坡、泰国、菲律宾五国央行机构联合签署了关于支付连通性的谅解备忘录。这种结构性转变的主要原因在于新兴经济体缺乏主导的、已经存在的信用卡或其他金融基础设施，新兴金融基础设施主要致力于在低价值/高交易量领域，更符合新兴市场和发展中经济体快速增长的跨境需求。而发达经济体对传统类型的跨境金融基础设施已经形成了惯性和黏性，新型金融基础设施的导入反而更为缓慢。然而，需要指出的是，新兴经济体之间的区域型安排（如上述东南亚五国）虽然前景预期很好，但是在实践和实施层面面临重重阻力，如何设计标准规范、哪个国家主导等都面临诸多不确定性，预计短期内很难打破由发达国家主导的格局。

三、跨境金融基础设施供给主体的多元化

跨境金融基础设施处理的金融交易量和价值都是巨大的，相应地其蕴含的风险也较大，对安全等级的需求很高，具有一定的公共产品的属性，这就对跨境金融基础设施的提供者有更高的要求。目前，跨境金融基础设施由广泛的参与者和机构提供，其中既有政府或官方组织平台提供的，也有私营机构提供的，或者通过公共私营合作制（PPP）形式提供的。各国央行的大额支付系统是政府提供的典型代表。不过，相对于国内金融基础设施多由政府公共机构提供，在跨境领域，私营性质的跨境金融基础设施占据主导地位。例如美国的 Fedwire 针对美国国内是公共性质，但其跨境支付体系却是私营性质；美国的 CHIPS 是全球最大的私营美元交换系统，全球银行同业间约 95% 的美元清算通过其实现；英国的 CHAPS 也是采取公司化经营模式。同时，外汇领域的 CLS

以及信息交换系统 SWIFT 等也都是私营性质。具体到跨境支付这一跨境金融基础设施提供服务的关键领域，早在 20 世纪 30 年代以前，所有跨境支付服务都由私人机构来提供。2020 年 G20 跨境金融支付路线图中将跨境支付进一步细分为三个市场：批发、零售和汇款。每一个细分市场都有多类型的跨境金融基础设施提供者（见表 4-1），但多数都属于私营性质，尤其在零售支付和汇款支付领域。此外，在新型或数字型跨境基础设施领域，私营企业也已经占据主导地位。公私合作也已经成为跨境金融基础设施的重要提供方式之一，尤其是在数字货币领域，IMF 鼓励各国考虑公私合营方案（Adrian & Griffoli, 2019）[68]，以同时兼顾安全和效率。

表 4-1　跨境支付细分市场主要基础设施提供商

跨境支付细分市场	跨境支付特征	主要基础设施提供商
批发支付	高价值/低交易量	中央银行拥有和运营的大额支付系统、私人运营的大额支付系统、消息网络提供商、多币种结算系统和主要代理银行等
零售支付	低价值/高交易量	国际卡计划、商业银行和非银行P2P支付提供商等
汇款支付	低价值/高交易量	国际汇款运营商、商业银行、邮局和移动货币运营商

资料来源：BIS，上海发展研究基金会整理。

私营机构参与提供跨境金融基础设施，既可以避免官僚化倾向，也能够通过塑造金融市场，使其更好地发挥自身优势（Petry，2021）。尽管私营机构在跨境金融基础设施方面占据主导地位，但是政府公共部门的作用也不容忽视。私营机构得以提供跨境金融基础设施也往往依赖于官方的支持和推动。跨境金融基础设施的提供涉及诸多方面因素，如法域规则、制度、客群、系统等，单单依靠私营机构很难搭建其完整的体系，需要政府的辅助推动。尤其是在伴随着国际交往而来的国际冲突增加的背景下，政府间的国际合作在跨境金融基础设施的设立、运营、维护等方面发挥着越来越重要的作用。

如前所述，跨境金融基础设施涉及大量的跨境交易，需要在安全稳定和效率方面进行权衡。周小川（2019）[69]曾指出，私人可以参与金融基础设施的提供，但需要公共精神，否则将对金融安全稳定造成严重的冲击。在跨境金融基础设施领域，尤其需要如此。提供者在安全和效率之间的取舍，不仅关系到一国经济金融的稳定，对全球都会产生影响。当然，这不是否定私人提供跨境金融基础设施的合理性，但是需要有完善且公平的法律体系保障作为前提。同时，一般情况下，私人部门的创新性远远高于公共部门，纯粹靠公共部门提供跨境金融基础设施，其创新进度和效率可能都会打折扣。这也使得在一些关键或新兴的领域，公共部门和私人部门携手合作推动跨境金融基础设施的建设和供给，尤为重要。在技术进步推动下的新型数字化跨境金融基础设施领域便是如此，私人部门在这一领域的快速扩张，可能会对现有的金融体系尤其是监管体系造成压力和冲击，在这种情况下公共部门就需要发挥积极的规制作用。

四、跨境金融基础设施的市场供给主体竞争在加剧

跨境金融基础设施具有非常强的技术惯性、制度惯性和沉没成本，一旦建成，进入和退出门槛随之形成，在位者在市场中可能拥有不同程度的技术垄断、制度垄断或市场垄断。就不同类型的跨境金融基础设施而言，清算和结算基础设施属于技术垄断和制度垄断，其背后涉及国家主权货币，制度和市场化进入门槛都很高，例如全球外汇交易CLS结算系统虽然已经是全球规模最大的外汇结算基础设施，但是仅适用于全球北方国家以及一些新兴经济体的18种货币①，这是制度垄断的一种典型情况。CLS对交易货币有一系列门槛要求，例如货币可兑换、实行实施全额结算系统、长期主权信用评级需在BB–或Ba3级以上，实行反洗钱政策等。目前全球很多货币仍不满足CLS的门槛条件，例如人民币虽然近年来的国际影响力明显上升，但是仍非CLS的合格货币。同时从技术上而言，多数国家的货币在技术上也还不具备接入CLS系统的能力。例如人民币跨境支付系统已经实现了全额结算系统，但是仍达不到CLS要求的接入技术成熟度要求。此外，一种货币最终能否接入CLS系统，也需要获得美联储的书

---

① 截至2023年8月，CLS的合格交易货币共有18种，包括澳元、加拿大元、丹麦克朗、欧元、港元、匈牙利福林、以色列新谢克尔、日元、墨西哥比索、新西兰元、挪威克朗、新加坡元、南非兰特、韩元、瑞典克朗、英镑、美元和瑞士法郎。

面批准,这也是跨境金融基础设施主导权外溢的一种效应体现。相对而言,新型跨境金融基础设施的供给则主要处于市场垄断阶段,市场进入门槛较低,私人供给主体较多,他们通过激烈的竞争获取市场份额,但是相对而言,涉及的交易量较小,交易频率较高,主要致力于满足中小企业或个人消费者的跨境需求。

针对处于市场竞争垄断类型的跨境金融基础设施市场,市场竞争总体态势是加剧的,竞争情况又可以进一步分为两种。一种情况是,同一类型跨境金融基础设施的市场供给主体的竞争在加剧。以全球外汇交易市场为例,近年来,全球外汇交易额水涨船高,根据BIS发布的为期三年的调查结果,截至2022年4月,全球外汇市场日均交易额突破7.5万亿美元,这其中,外汇流动性提供商(LP)之间的竞争日趋激烈。在作用机制上,LP需要通过把客户的订单清算到国际市场的接收方,并提供银行间外汇市场的流动性服务数据,抓取最优的价格并反馈给下游的零售外汇经济商,而LP是基于高效的金融基础设施和技术平台完成这一操作的。同时,为了稳固并提升市场份额,全球主流的外汇交易平台也在通过技术加持,提升外汇交易效率。例如,路孚特旗下外汇交易平台FXall建立结算中心(Settlement Centre,SC)模块,为外汇市场提供交易确认、结算指令传输、交易轧差、第三方结算通知、交易拆分等一站式直通处理服务。全球主要多银行多资产交易平台360T通过与明讯银行Liquidity Hub平台连通,推出三方回购交易直通处理服务,可安全高效地完成交易结算和抵押品管理(余波 & 蒋静,2022)[70]。而这些也都有利于推动外汇交易结算直通处理基础设施的发展。另一种情况是在同一业务领域,跨境金融基础设施之间的竞争主体在加剧。这尤其体现在跨境支付领域,支付终端基础设施提供已经处于高度垄断竞争的市场结构,全球互联网巨头,如支付宝、财付通和苹果公司等非国有互联网公司,都在支付终端竞争上投入大量资源,并建立了个性化的支付链条来争夺跨境支付终端市场。根据国际知名商业智能和数据分析公司 FXC Intelligence 发布的《2022 年跨境支付前 100》(*The 2022 Cross-Border Payments 100*)[71]榜单,跨境支付领域的竞争者包括国际银行业巨头、全球知名卡组织、移动货币服务提供商等多种传统和新型市场供应主体,其中大量新型跨境金融基础设施供给增多的重要原因在于,传统的"SWIFT+代理银行关系"模式,尽管对大多数公司交易适用,但是并不经济,尤其对于价值较低的交易,而技术的快速发展给小型跨境支付服务提供商提供了进入市场的机会,因此大量提供新型跨境金融基础设施的非银行供应者不断涌入。

此外,为保持核心市场竞争力,跨境金融基础设施也在通过市场化外包的方式优化结构布局。系统重要性基础设施的数据和运行采取独立外包于第三方公司的形式来实现控制。银行也在优化其基础设施服务,将非核心支付和外包业务捆绑到其他银行和第三方加工商,以提高流程效率。在技术推动下,云服务提供商是金融系统基础设施中越来越不可或缺的一部分。跨境金融基础设施供应链条的延长正在重塑跨境服务竞争格局和效率。

五、新型跨境金融基础设施成为促进金融包容性的重要抓手

传统银行主导的跨境金融基础设施主要深耕在高价值/低频率的跨境交易领域，但是就发展中经济体而言，其需求更多聚焦在零售和跨境汇款等低价值/高频率的领域。2020年，向中低收入国家的跨境汇款达到5 400亿美元，超过了外国直接投资（2 590亿美元）和海外发展援助（1 790亿美元）的总和。中低收入国家金融市场基础薄弱，代理银行关系也较少在这些地区设置服务点，空间服务覆盖范围有效，跨境汇款面临诸多障碍。中小企业的跨境支付也一直是痛点，传统银行跨境服务对此的覆盖范围有限，且效率低，严重影响回款效率。

由科技公司推动的第三方跨境支付基础设施正在积极推动金融包容性和提高金融服务的覆盖率，将越来越多无银行账户的消费者纳入金融体系之中。例如阿里巴巴增强了连接菲律宾和中国香港移民家庭的汇款系统。该公司的子公司蚂蚁金服（Ant Financial）提供的汇款服务比传统金融机构提供的汇款服务更便宜、更快，有效地促进了相关地区跨境金融服务的包容性。同时，移动货币对非洲等低收入国家的金融包容性有显著的促进效应，截至2021年底，通过移动货币（Mobile money）发送和接收的国际汇款数量增长了48%，达到160亿美元（GSMA，2022）[72]，非洲国家（如尼日利亚、

埃塞俄比亚等）也在积极接纳移动网络运营商在其国内进行跨境金融基础设施建设，提供移动货币服务。此外，在危机时期，新型跨境金融基础设施在维持金融包容性和稳定性方面也发挥越来越重要的作用。尤其是在新冠疫情期间，线上支付、移动支持在维持全球中小企业以及低收入国家跨境汇款方面发挥了重要的作用。

六、当前跨境金融基础设施存在的问题

跨境金融基础设施虽然搭建起了跨境金融活动的桥梁，但是货币从一个领域转换到另一个领域从来都不是一个简单且无摩擦的过程（Maurer，2012）[73]。就跨境支付领域而言，G20在跨境支付路线图中指出4个主要缺陷：高成本、低速度、访问受限和透明度有限。在传统的跨境支付和结算中，需要经过包括开户行、接收行、清算行、境外银行等多个金融机构，而每个金融机构都拥有自己的结算体系和结算流程，均需对交易真实性、核对性进行审核，各个环节为串行状态，不能并行，过程烦琐，导致跨境支付效率低下，成本高昂。目前，全球企业仍主要依赖代理银行网络进行跨境支付，每年在各国转移约23.5万亿美元，相当于全球GDP的25%。代理银行复杂烦琐的链条，导致每年1 200亿美元的跨境交易成本（J.P.Morgan，2021）[74]。同时，当前全球企业对美元交易存在高度的依赖，但是很多国家还未有直接的美元代理网络，只能通过本地银行间接地进行跨境美元交易，这进一步导致外汇转换、流动

性受限和结算延迟等额外成本。尤其在国际汇款方面，根据IMF的评估，当前国际汇款支付的平均成本为6.3%，这意味着每年中介机构拿走本应属于低收入家庭的高达450亿美元的资金（王晋斌，2022），鉴于国际汇款与金融包容性之间的密切关系，降低汇款成本的必要性已经成为国际发展议程中的关键问题之一。跨境交易长期延迟也是跨境支付系统面临的最大痛点之一，当前跨境交易的平均结算时间为2—3天。导致跨境支付摩擦的根源包括货币兑换机制、不同国家法律制度和技术基础设施的差异、时区复杂性以及中介机构（包括代理银行和非银行金融服务提供商）之间的协调问题（Fed，2022）[75]。

需要指出的是，不仅是跨境支付领域，所有的跨境金融基础设施几乎都面临上述几个痛点，但关键的挑战是跨境基础设施之间缺乏一致的互操作性（Interoperability）。互操作性涉及营业时间、访问标准、清算和结算程序以及消息传递标准等多个方面，可以进一步分为技术互操作性、网络互操作性和监管互操作性几类，其中技术互操作性侧重于促进不同应用程序和基础架构之间的支付交易，从而实现直通式处理；网络互操作性侧重于多方通过便于支付交易的网络进行连接的能力；监管互操作性则指基础设施能够满足连接不同管辖区监管的要求。当然，不同类型的互操作性是相辅相成的，尤其是监管互操作性的提升，能够更有效地支持其他两种互操作性的实现（Gallaher et al.，2021）[76]。

基于银行代理关系的传统跨境金融基础设施以分散的方式进行结算，在适配不同司法管辖区的规则方面已经较为熟稔，但无法提供足够的互操作性和标准化来平滑跨境交易，速度、效率和高成本的改善是其面临的主要挑战，亟须全面提升技术互操作性和网络互操作性。新型跨境金融基础设施在速度、效率、成本等方面有所改善，但是其发展时间仍较短，不同国家对其进入、实施、运营等设限不同。例如，数据处理是跨境金融基础设施高效服务的关键方面，但是出于国家安全考虑，部分国家颁布法律，要求国内交易在岸处理，即强制本地处理，这使得跨境金融基础设施运营只能建立本地数据中心，跨境传输和处理效率都大打折扣。另外在数字货币方面，尽管业界认为其将极大有助于提升跨境支付效率，但由于涉及国家主权货币稳定，在互操作性尤其是监管互操作性方面达成一致还道阻且长，而监管互操作的不一致，可能进一步导致"集体行动问题"。

此外，新兴技术一方面在提升跨境金融基础设施效率方面正在发挥积极的作用，另一方面对新兴技术的需求和依赖也在形成新的风险点。大型科技公司利用其网络和基础设施优势快速实现服务规模，同时向传统金融机构提供基础设施，例如目前只有少数几家科技公司（亚马逊、微软、谷歌等）能够提供新型基础设施的关键部分（如云服务基础设施），这种高度集中的市场，可能会造成新的"大而不能倒"的问题，传统金融机构对它的高度依赖会降低其自身弹性，第三方供应商可能会成为触发风险的起爆点。去中心化是新型数字金融基础设施的关键特征，但是对监管造成了严重挑战。以去中心化的支付清算系统为例，其与当前中心化的系统存在根本性的冲突。去中心化支付清算系统是一套全新的系统，并不依赖于以中央银行为核心的结算体系，有更高的自由度，交易流程以及管理都是基于代码化的规则。其优势是交易安全性和自由度高，但缺陷是丧失了主动干预机制，尤其是对中心化的政府职能机构形成了直接挑战。同时，支付清算领域的去中心化可能助长非法交易和洗钱，同时促进金融市场投机并产生更大的泡沫，且风险爆发时无法采取主动应对措施。这可能导致金融活动变得混乱无序，与去中心化支付清算系统的初衷背道而驰。

网络攻击和威胁也已经成为跨境金融基础设施的系统性风险点，尤其对美国大型机构的网络攻击会对具有系统重要性的金融基础设施的流动性产生重大影响（Eisenbach et al.，2021）[77]，可能进一步影响全球流动性。SWIFT 这一关键跨境金融基础设施也曾数次受到黑客的攻击，如 2016 年俄罗斯中央银行（Bank of Russia）约 600 万美元被黑客利用 SWIFT 邮件系统窃取，2018 年印度联合银行（City Union Bank）在对账中发现使用 SWIFT 的三次欺诈交易。2016 年 6 月，CPMI-IOSCO 发布了《金融市场基础设施网络弹性指导》，为金融基础设施如何建立和运行网络弹性框架提供指导。但是随着数字化和外包水平不断提升，以及在地缘政治冲突导致有组织的黑客活动越来越多的背景下，跨境金融基础设施的网络安全和弹性问题难以消除，跨境金融基础设施本身的复杂性也会受到多种切入点的影响，导致其自身成为进一步传播网络攻击的渠道。

在全球化背景下，跨境经贸金融活动日益增多，跨境金融基础设施的重要性也与日俱增。好的跨境金融基础设施至少应该具备中心性、开放性、便利性几项关键特征，中心性指跨境金融基础设施成为跨境金融活动的集散处，是跨境金融活动得以顺利进行的关键之所在；开放性指金融基础设施应对所有能够参与跨境金融活动的主体开放，如此能够提高规模性和包容性，降低边际成本；便利性则指参与主体能够简单方便地接入跨境金融基础设施系统中，减少人为设置的各种有形或无形的门槛。

根据前述内容，当前的跨境金融基础设施基本上满足了上述几项要求，为全球跨境金融活动提供了有效的支持。但不能否认的是，跨境金融基础设施在全球分布上仍不均匀，中短期内以代理银行为主导的传统跨境金融基础设施仍将占据主导地位，但这类基础设施的服务对象更多为中等和发达经济体，对低收入经济体的金融包容性仍有很大的提升空间。跨境金融基础设施集中在发达国家手中，这样有利于边际成本的降低，但是部分国家将其自身意志过度置于跨境金融基础设施之中，甚至将之作为金融制裁的工具，对新兴及发展中经济体甚至全球金融稳定造成了冲击。在技术进步的推动下，跨境金融基础设施尤其是新型跨境金融基础设施面临的竞争日益激烈，其开放性和便利性相对于传统跨境金融基础设施而言也大幅提高，同时对全球金融包容性的提升做出了积极的贡献。不过，由于技术创新快于监管，其中蕴含的监管风险、网络风险等也不容忽视。可以肯定的是，只要法域区分存在，完全无摩擦的跨境金融基础设施就不会存在。解决各种摩擦的有效途径是致力于提升跨境金融基础设施之间的互操作性，尤其是监管互操作性。

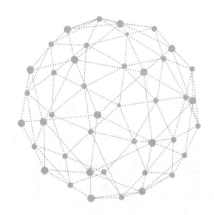

第五章

全球跨境金融基础设施布局的演变趋势

当下和未来一段时间内，经济全球化格局演变、地缘政治冲突和新一轮科技进步等因素变化，必将对跨境金融基础设施的体系、体量和运行效率等方面产生重要的影响。从贸易领域看，全球经济转向"慢全球化"阶段，这将使得全球对跨境金融基础设施的需求仍继续增加，但是增速会有所放缓。同时区域经济正在成为全球经济的重要增长点，跨境金融基础设施一方面可能出现局部供给快速增加，另一方面，Quah（2011）[78]通过测算发现，以1980年为起点到2007年，全球经济重心由西向东移动了4 800千米，而近年来，全球经济重心的继续东移并没有停止，在这种趋势下，跨境金融基础设施的分布重心会随着全球经济重心的转移而转移。从地缘政治方面来看，地缘政治冲突的负面冲击已经波及跨境金融基础设施领域，SWIFT这一关键的跨境金融传输系统被用作金融制裁的工具，这使得各国的安全思维明显提升。部分国家开始致力于创建本国的或区域性的自主可控跨境金融基础设施，这将加剧全球跨境金融基础设施碎片化程度，未来或将出现若干地区主导的功能平行的跨境金融基础设施体系。从技术进步来看，近年来全球处于技术浪潮中，技术的应用正在大幅提高现行金融基础设施的效率，同时基于区块链技术的数字货币正如火如荼地发展，新型跨境支付基础设施或安排正在不断产生，并加速迭代传统的跨境金融基础设施。

一、全球化经贸格局重塑，跨境金融基础设施随之调整

经济全球化是跨境金融基础设施存在和发挥作用的基础，快速增长的全球化会迅速催生大量相匹配的跨境金融基础设施，来满足对跨境支付、外汇、交易清算结算等的市场需求。相应地，跨境金融基础设施的供应量也会随着全球化的收缩而收缩，当然，由于沉没成本、制度成本等多方面的约束，这一过程可能是缓慢的、被动的。当前，全球化发展有两大特征。一是总量发展进入"慢全球化"（Slowbalization）阶段，在这一阶段中，全球跨境经贸总量仍在继续增加，但是增速在放缓，预计跨境金融基础设施供给的速度将随之放缓；二是结构方面，区域经济发展提速，全球供应链区域特征越发凸显，区域内尤其以 RCEP 为机制的亚太供应链域内跨境金融基础设施供给缺口明显，未来将通过金融基础设施的互联互通或提供新的跨境金融基础设施满足市场需求。

（一）"慢全球化"阶段跨境金融基础设施分布重心重新调整

经济全球化的重要表征之一是经济体之间的跨境经贸往来频

繁。IMF 的一篇工作短文中用贸易开放这一指标，即所有经济体的进出口总额相对于全球 GDP 的比重，刻画了全球化发展的五个阶段——工业化、两次世界大战期间、布雷顿森林体系时代、自由化时代以及当前的"慢全球化"时代（Aiyar & Ilyina，2023）[79]，其中，"慢全球化"的主要表现是贸易改革步伐的长期放缓，以及在地缘政治紧张局势加剧的情况下，对开放贸易的政治支持减弱。在这种趋势下，全球跨境经贸往来也随之进入慢车道。在"慢全球化"阶段，全球经济总量增长虽然将持续增加，但增加预期同样不容乐观。从短期来看，WTO 公布的《全球贸易展望和统计报告》[80] 中指出，2023 年全球贸易增长仍将低于平均水平，预计全年商品贸易量增长 1.7%，低于 2022 年 2.7% 的增速。从中长期来看，2023 年 3 月，世界银行在《下行的长期增长前景：趋势、期望和政策》[81] 报告中评估了全球长期的潜在产出增长率，预计在 2022—2030 年全球平均潜在 GDP 增长率将从 21 世纪头十年的水平下降约三分之一，降至每年 2.2%，全球经济可能正在面临"失去的十年"。2023 年 4 月，IMF《世界经济展望》[82] 报告给出了类似的结论，全球未来五年的中长期增长预测（3%）仍不乐观，是自 1990 年以来最低的中期预测值。跨境金融基础设施是随着经济全球化的发展而演变的，在经济自由化时代，跨境金融基础设施经历了井喷式快速增长，并形成了相对稳定的格局。随着全球经济步入"慢全球化"阶段，现行跨境金融基础设施供给速度将随之调整。

"慢全球化"的重要表征之一是对开放贸易的政治支持减弱，以贸易保护主义为主的逆全球化行为是其中的主要表现形式，尤以美国带头发起的贸易保护主义为代表。美国以纠正贸易失衡为理由，对多个国家尤其是中国实施多层次的贸易战，例如提高关税壁垒，在半导体、电信等重要领域实施技术封锁排外等行动。贸易保护主义对跨境贸易的影响是直接且显著的，导致真实贸易需求下降，以中美进出口贸易为例，2022年，中国对美出口总量同比增速下降至3.98%，作为对比，2017年中国对美出口同比增长率为14.2%。相应地，美国从中国进口额总量同比增速从2017年的9.24%下降至2022年的7.05%。同时，中国和美国分别是全球最大的出口国和最大的进口国，互补性相对较高，从进出口来源国别结构上，也能反映出贸易冲突对两大国的影响。2022年，中国对美国出口额占中国总出口额的比重下降至16.2%，美国从中国进口额占其总进口的比重下降至5%，这也为"逆全球化行为会影响现有的跨境金融基础设施使用当量"这一说法给出了一个直接佐证。

在"慢全球化"阶段，除了国家层面实施的贸易保护主义之外，还有全球投资者基于成本效益进行的"用脚投票"。例如自中国加入WTO以来，迅速凭借劳动力低成本优势成为承接美西方国家产业链外迁的重要目的地。而随着全球政经格局变迁，全球产业链正在重新布局。西方发达经济体也在推动产业链转移到更具成本优势的地区，例如将产业链从中国转移到印度、东南亚等成本更低的市场。这一趋势也会带动代理银行、信用卡组织等跨境金融基础设施随之转移，同时，承接产业链的地区会增加配套的跨境金融基础设施供给，以更好地服务国际型企业。

低迷的经济趋势叠加逆全球化思潮，导致市场预期和信心减弱，全球进出口贸易、跨境消费、跨境投资等行为更加谨慎，甚至收缩。在此背景下，外汇交易、跨境清算结算业务量等方面增速随之放缓，基于传统交易类型的跨境金融基础设施总体体量短期内将以调存量为主。全球经济的不确定性已经反映在外汇领域，由于避险情绪上升，预测全球外汇交易在较长一段时间内将维持低迷现状，大部分交易仍集中于部分区域。相应地，外汇交易基础设施短期内很难出现较大的扩容。需要指出的是，近年来，跨境贸易的重心正在由实体贸易向服务贸易领域倾斜。根据WTO的预测，服务贸易在全球贸易中的份额将不断上升，预计在2030年达到25%，在2040年可能达到30%[83]。因此，我们判断在"慢全球化"阶段，跨境金融基础设施总量供给仍将持续扩容，但是增速将明显慢于自由化时代。同时，针对服务贸易对跨境金融基础设施服务的需求将进一步增加，其增加速度将快于实物贸易；相应地，我们预测跨境金融基础设施服务对象的重心将从集中在货物跨境贸易向服务跨境贸易发生偏移。

（二）区域经济发展加速，跨境金融基础设施区域互联互通安排更加迫切

经济全球化是由复杂的维度构成的，在总量层面呈现上述"慢全球化"的特征，在结构层面，区域化也已经成为全球化的重要进程和表现（王栋 & 李安迪，2022）[84]。从自由贸易协定（FTA）的变化趋势可一窥区域经济快速发展的证据。具体而言，伴随着经济全球化退潮，以WTO为基础的多边贸易体系陷入停滞，以自由贸易协定为代表的全球区域贸易协定数量则快速增长，成为推动全球经贸格局重塑的重要力量。截至2022年底，向WTO报告生效的自由贸易协定已达到317个，特别是近10年来，全球贸易

协定数量翻番，世界主要国家都参与到区域经济一体化进程中来。当前，全球最有影响力的自由贸易协定包括跨太平洋伙伴关系进步协议（CPTPP）、区域全球经济伙伴关系（RCEP）、美墨加协定（USMCA）、东盟自由贸易区（AFTA）、非洲大陆自由贸易区协定（AfCFTA）等。

不论是多边还是双边贸易协定，对范围内经济体的经济效应是积极显著的。例如欧盟和韩国签署的自由贸易协定，自协定签署五年内，欧盟从韩国进口中的占比从9%提高到了13%。RCEP作为全球范围内最大的自贸协定，对区域经济增长的贡献将是显著的。根据彼得森国际经济研究所（PIIE）测算，截至2030年底，RCEP协定将使成员国间贸易额增加4 280亿美元，并带动各成员国GDP每年额外增长0.2%[85]。实践证明，自由贸易协定也能对外部冲击形成一定屏障。例如在疫情影响下，2021年，中国与自贸伙伴间的进出口总额同比增长23.6%，高于中国外贸整体增速。

FTA一方面具有区域内贸易高度自由便利的特征，另一方面也具有排他性特征。贸易自由便利方面，签署协定的国家，相互间贸易往来壁垒较少，强调互惠和对等，尤其是关税，甚至会降至零关税，以促进协定成员国之间的贸易增量。排他性方面，则是自由贸易协定仅仅对协定成员国有效，对协定外国家则不适用。在FTA的推动下，目前全球供应链基本形成了三条相对独立的"区域供应链"（域内基础设施）：一是以USMCA为机制的北美供应链，二是以欧盟自由贸易区为机制的欧洲供应链，三是以RCEP为机制的亚太供应链（王栋 & 李安迪，2022）。

供应链的区域化、本地化会伴随着跨境贸易投资的国别选择、交易币种的更替等变化，会对跨境金融基础设施的重构产生内在潜移默化的影响，跨境金融基础设施安排将更加集中，市场集聚度提升。不过上述三条供应链的发展情况存在差异。其中，北美供应链、欧洲供应链已经相对成熟，跨境金融基础设施配套也较为完善，后续跨境金融基础设施的调整主要在对已有基础设施的提质增效方面。而以RCEP为主导的亚太供应链中，域内的跨境金融基础设施供给还存在较大的缺口，且已有的供给在效能上也不足。以跨境支付基础设施为例，RCEP域内的跨境支付系统主要包括中国人民银行开发的人民币跨境支付系统（CIPS）、新加坡快速安全转账系统（FAST）、新加坡金融管理局（MAS）和通信媒体发展局联合发布的快速反应编码系统（SGQR）、泰国大城银行区块链解决方案等。与北美供应链和欧洲供应链域内成熟的跨境支付系统相比，RCEP域内发起的跨境支付业务处理量少，市场份额占比较低。同时，2023年6月2日，随着RCEP对菲律宾正式生效，该协议已经步入全面生效阶段。自2022年1月1日RCEP协议正式生效以来，多数RCEP成员国在区域贸易投资增速明显，例如东盟多数成员国及澳大利亚、韩国等的货物贸易增速均超过10%，多数成员国与域内国家贸易额占该国对外贸易总额的比重均接近或超过50%（袁波等，2023）[86]。基于这种发展趋势，RCEP域内跨境金融基础设施将迎来快速增长，包括域内国家间金融基础设施的互联互通，以及区域一体化的跨境金融基础设施新安排，以支持扩大的市场需求。

需要进一步指出的是，在USMCA主导的北美供应链以美元跨境金融基础设施为核心。在欧盟主导的欧洲供应链中，则是美元跨境金融基础设施和欧元跨境金融基础设施并行，当然这里并行并非指独立的美元跨境金融基础设施和欧元跨境金融基础设施，而是同一套设施同时支持美元、欧元以及其他币种的结算清算，但美元和欧元结算清算占比较高。而在 RCEP 主导的亚太供应链中，未来跨境金融基础设施将呈现更加多元化的趋势，一方面是供给的多元化，包括中国、新加坡等在内的国家将加大跨境金融基础设施的供给，另一方面跨境金融基础设施支持的币种也将更加多元化，除了美元之外，人民币也将成为其中重要的参与者，且相对份额有望持续扩大。

二、地缘政治冲突不断，跨境金融基础设施局部断裂、碎片化

近年来，全球地缘政治冲突频发，"零和思维"和"霸权主义"加大了全球跨境金融基础设施脱钩甚至断裂的风险。跨境金融基础设施的集中性能带来效率的提升和规模的正向溢出效应。然而，在叠加地缘政治冲突之后，对安全性的要求被提到了更前列，部分国家开始谋求构建替代性的跨境金融基础设施。同时，地缘政治也正在加速推进国际货币体系演变，"去美元化"浪潮涌起，本币化结算计划和实施增多，跨境金融基础设施全球布局愈加"碎片化"。

（一）跨境金融基础设施被"武器化"加大各国构建或寻求替代性系统的动机

跨境金融基础设施尤其是具有系统重要性的跨境金融基础设施本身具有强烈的公共产品属性。然而，近十几年，美国通过对SWIFT等跨境金融基础设施施加压力、实施金融制裁等方式，凸显了它在地缘政治冲突中的金融强权压迫性。SWIFT系统作为"金融核弹"曾被四次引爆：第一次在2012年，由于伊朗核问题，欧美对伊朗实施制裁，SWIFT被迫停止向伊朗金融机构提供服务；第二次在2017年，以朝鲜发展核武器为由，美国对朝鲜实施制裁，朝鲜金融机构被剔除出SWIFT系统；第三次在2018年，美国退出伊朗核协议，在美国政府的施压下，伊朗金融机构再度被剔除出SWIFT系统；第四次在2022年，俄乌冲突爆发后，欧美对俄罗斯施以前所未有的金融制裁，俄罗斯和白俄罗斯的金融机构被剔除出SWIFT系统。

虽然SWIFT名义上是独立的非营利性合作组织，但其事实上已成为政治干预下的制裁武器。Goede & Westermeier（2022）[87]研究指出，SWIFT具有明确的中心与外围模式特征。SWIFT的配置导致了全球连通性的不对称，这意味着对于一些非西方的国家和地方，金融交易基础设施的功能总是不稳定的，容易受阻。截至目前，受美国频繁利用SWIFT实施金融制裁的影响，SWIFT中立地位的国际信任度明显降低。很多国家在意识到国际支付清算安全面临的挑战之后，开始寻求绕开SWIFT主导的"SWIFT+代理银行"跨境支付替代方案。部分国家开始致力于构建自己的跨境支付清算系统，如英法德的INSTEX（支持贸易往来工具）、俄罗斯的SPFS、中国的 CIPS 系统等。其中，INSTEX 虽然为欧洲企业提供了一种在 SWIFT 系统之外让欧洲与伊朗进行合法贸易的渠道，但是迄今为止，其只促成了唯一一笔交易，即 2020 年 3 月，为欧洲向伊朗出口用于抗击新冠病毒的人道主义医疗物资。SPFS 和 CIPS 在功能设计上虽然有报文系统，但主要面对境内本币的金融信息处理。若涉及跨境清算，仍需要通过与 SWIFT 合作才能完成。此外，伊朗和俄罗斯作为美国通过 SWIFT 对其施加制裁的直接对象，二者也试图通过合作降低持续被制裁的风险。2023 年 1 月 29 日，俄罗斯和伊朗签署了合作备忘录，伊朗银行和所有俄罗斯银行的金融平台已经实现相互连接，并可以相互接受标准银行信息[88]。双方这种银行间的合作，可以避免受到西方的制裁。值得注意的是，2023 年 5 月 24 日，亚洲清算联盟（ACU）①在伊朗首都德黑兰举行的第 51 届峰会上，提出要在 2023 年 6 月推出一个可以完全替代 SWIFT 的跨境金融结算系统，据称该系统是由伊朗中央银行主导设计的专门用于成员国之间交换银行信息的系统，仅供 ACU 成员国使用，但其他国家也可以申请加入。据悉，白俄罗斯、毛里求斯已经提出了加入 ACU 的申请。

跨境金融基础设施被作为实施金融制裁的工具，是导致全球跨境金融基础设施局部断裂化、集团化的关键导火索。后疫情时代，地缘政治动荡将进一步加剧，各国对跨境金融基础设施的安全性更加重视，地缘政治冲突波及的对象也不仅仅存在于冲突双方之间，外溢效

---

① 亚洲清算联盟（Asian Clearing Union，ACU）成立于 1974 年，是一个区域性的多边贸易清算机构，由 9 个成员国组成，包括伊朗、印度、孟加拉国、不丹、巴基斯坦、尼泊尔、马尔代夫、缅甸和斯里兰卡。

应将越发明显。例如在本轮俄乌冲突下,全球范围内的多数国家都牵涉其中,部分国家的外贸型企业也遭受到对俄罗斯金融制裁的波及。对于大多数国家而言,在地缘政治冲突下,首先是谋求本国企业跨境贸易往来的安全性,如此就会顺应主导国家的制裁,切断与被制裁方的经贸联系,其次才是致力于提升跨境金融基础设施的自有性。毕竟跨境金融基础设施的建设具有高成本、规模性等特征,同时在美元主导跨境交易结算货币的前提下,将全球性贸易、投资者纳入新的基础设施系统,使其成为直接参与者,面临诸多挑战。

总体而言,虽然 SWIFT 已经多次被美西方国家作为设施金融制裁的工具,其中立性地位遭质疑,但是在传统跨境贸易结算领域,目前还未真正有能够替代 SWIFT 的全球性信息传输系统的方案。ACU 虽然正在推出替代方案,但是其主要面对成员国内部之间使用,成员国成员进行域外跨境交易时,仍不可避免需要依赖 SWIFT 系统。同时,ACU 成员国在全球整体经济中的影响力有限,因此对 SWIFT 的替代规模也有限。然而,在地缘政治局势紧张的情况下,多数国家对跨境金融基础设施的安全性关注已经上升到前所未有的高度,部分国家已经从被动承受向主动应对、提前预防态势转变,这一发展动态很重要,需要持续给予关注。未来,全球范围内有经济实力的国家会进一步加强关键跨境金融基础设施的自有性,尤其是在金融信息传输方面。

(二)本币跨境结算趋势增加,对以美元为主导的跨境金融基础设施形成分流

据统计,全球范围内有 150 多种货币被视为法定货币,但跨境

支付主要集中在少数几种货币上。其中，美元在当前跨境支付清算结算领域占据绝对高的份额，而这离不开全球范围内以美元为操作基础的跨境金融基础设施的支持。当前，比预期更快、更复杂的地缘政治格局演变正在加速推进国际货币体系的变化，尤其表现在跨境贸易结算中降低对美元的依赖。具体措施主要体现在两方面：推动创建区域联盟国家共同货币和加速推进跨境贸易结算本币化。上述两种方式的成功都需要相应的跨境金融基础设施的支持，从而对当前以美元为主导的跨境金融基础设施形成分流。

区域联盟国家之间创建共同货币，并形成基于共同货币的清算结算基础设施是降低对美元结算的有效方式之一。其中，欧盟的欧元体系是区域货币成功的代表，截至目前，已经形成了围绕欧元的完善的跨境金融基础设施体系，欧元也成为第二大国际结算货币。欧元体系的成功也给其他区域国家带来了创建共同货币区的激励，如南美洲国家联盟、美洲玻利瓦尔联盟。然而，南美洲国家联盟由于联盟内国家间政策主张分歧过大难以调和而以失败告终。美洲玻利瓦尔联盟成员国则缺乏坚实的经济基础，无法在结算中放弃对美元的使用，共同货币"苏克雷"SUCER 的建立也归于失败。虽然经历了上述失败，南美洲国家并未放弃创建共同货币的追求。2023 年 1 月，巴西总统卢拉和阿根廷总统费尔南德斯宣布两国有意创建南美洲共同货币"苏尔"（SUR）。初衷苏尔不会像欧元一样取代巴西和阿根廷等国家的货币，本质上是为了促进巴西和阿根廷贸易而建立的双边清算体系，以减少区域内贸易对美元的依赖。从欧元体系的发展来看，共同货币的成功必然伴随着一整套配套的跨境金融基础设施。然而客观来看，南美洲共同货币的创建必然面临重重挑战，南美共同市场内部国家之间经济差距明显、政治不稳定性较高，短期内几乎不具备进行根本性结构改革的政治及经济条件。这也决定了，未来短期内，南美共同货币仍将主要停留在概念层面。除南美之外，俄罗斯也提出建立金砖国家共同货币，巴西前驻 IMF 总代表保罗·巴蒂斯特也呼吁金砖国家应建立一种新的货币来取代美元。在初步设想中，由于 5 个金砖国家的货币都以 R 开头，因此这种货币被称为 R5。R5 可以按不同国家的 GDP 设定权重，中国的权重最大，可能占到 40%。R5 的目的是实现去美元化，建立一种不受美元影响的共同货币，让它服务于金砖国家以及其他发展中国家。虽然金砖国家相比南美共同市场国家而言，经济实力相对较强，但是实现共同货币也并非易事。如果要创造出 R5，必须要在金砖国家之间成立一个中央银行，但这不可能实现。金砖国家新开发银行虽然有一定的改进空间，但是它仍不具备发行货币的功能。2022 年 2 月俄乌冲突爆发，5 月俄罗斯想动用金砖国家应急储备安排（CRA）机制，但金砖银行其他国家基本上都不同意，后面从 6 月份开始谈 CRA 机制调整的问题。如果在 CRA 机制上都不能实现 5 国之间的共识，金砖银行机制改进的难度实际上是很大的，更遑论成立共同货币。除此之外，金砖国家（目前已有 11 个成员国）如果有足够的政治意愿，是可以往前推进一步的，正如当初欧元成立的基础那样，假定 11 个国家一致同意以各自货币作为单位，创设一个金砖国家货币单位，在交易的时候就以金砖国家货币单位结算，但是最后清算的时候仍然以某一个国家货币来结算。比如说中国和巴西以人民币来结算，人民币与金砖国家货币单位有一个固定比值，或者用巴西的雷亚尔来结算。在金砖国家里,那些相对来说不是很成功的国家迫切希望有一个美元的替代品以避免美元风险,或在地缘政治发生变动时避免被美国制裁。但中国作为最大的贸易顺差国,与其他金砖国家之间的贸易都是顺差,其他国家年终时会在双边账户上欠中国一大笔钱,变成中国被迫对它们提供信贷,而且没有收益,即其他金砖国家在支付协定之下长期占用我们的资金,这也会对中国造成很大的压力①,对仍处于发展中阶段的中国来说,不是一个现实的选择。由此可见,推出 R5 的困难很大,起码在短期内,实现的可能性很小。

在创建共同货币之外,更多国家通过实施贸易本币结算(Local Currency Settlement,CLS)计划降低对美元跨境结算的依赖。尤其是受本轮俄乌地缘政治冲突的影响,贸易本币结算浪潮进一步涌起,已经成为国际货币体系演变的一个重要里程碑。而在具体实施过程中,也存在不同的形式,一种表现是采用区域内相对强势的货币进行结算,如欧亚联盟经济体主要推动俄罗斯卢布进行域内结算。其主要特征是联盟内其他国家对外汇需求明显较低或几乎没有,同时俄罗斯完善的外汇交易基础设施成为域内以卢布进行金融一体化和结算的有力支撑(维·尤·米申娜,2021)[89]。据统计,2019 年,卢布占欧亚经济联盟内部相互贸易结算额的 72%[90]。本轮俄乌冲突以来,美西方对俄罗斯实施的金融制裁进一步加快了俄罗斯推动本币结算的步伐,尤其在能源领域,俄罗斯提出的"卢布结算令"已经于 2022 年 4 月 1 日正式生效。"卢布结算令"是强

---

① 本段关于金砖银行共同货币 R5 的论述,核心观点来自 2023 年 10 月 8 日上海发展研究基金会组织的内部研讨会上"国际货币体系:现在和将来"的内容总结。

制性命令,"非友好国家"购买俄罗斯天然气需要首先在俄罗斯银行开设卢布账户,采用卢布进行结算。相对应地,俄罗斯和其"友好国家"间的本币结算份额正在明显上升,尤其是和中国,根据俄罗斯财政部长希鲁阿诺夫(Anton Siluanov)的表述[91],目前中俄之间本币贸易结算份额已经超过70%,而一两年前该数据仅约为30%。

一直以来,亚洲和非洲的新兴及发展中经济体也是推动实施贸易本币结算较为积极的地区,尤其是东盟国家。早在2012年,在第15届"东盟+3"财长会议和央行会议联合声明中就提出"进一步推动建立更广泛的以本币为基础的跨境结算贸易体系"。2017年,印度尼西亚、马来西亚及泰国三家央行宣布推出LCS,截至目前,东盟主要国家已经加入该计划。此外,自"石油美元"出现以来,中东国家和美国及美元的关系密不可分,然而随着地缘政治不确定性的大幅上升,沙特、阿联酋等国近年来也在不同程度上开启了本币或类本币结算计划,以降低对美元结算的过度依赖。

双边货币互换协议在推动本币结算方面也正发挥积极的作用。需要强调的是,在美国为首的发达经济体货币的政策管理中,货币互换协议旨在注重危机时流动性的供给,然而,在新兴和发展中经济体,货币互换协议在促进双边贸易往来,促进双边本币贸易结算中也发挥了积极的作用。根据《亚洲经济前景及一体化进程2023年度报告》,截至2022年底,亚洲经济体签署的处于存续期的本币互换协议达到26份。中国是区域内签署本币互换协议份数和金额最多的国家,并积极推动设立货币互换融资的贸易结算设施,如在贸易合作国家设立人民币清算行,促进双边本币结算。叠加新冠疫情和俄乌冲突冲突，人民币相对稳定的地位正在进一步吸引其他国家和中国展开本币结算合作。如2023年3月，中国和巴西达成协议，双方央行达成共识，在已经存在的其他流通货币之外，增加开通双边本币结算渠道。

不论是创建区域共同货币，还是推动本币贸易结算，都需要新的相配套的跨境金融基础设施的支持。围绕欧元的跨境金融基础设施经历几十年的耕耘，已经较为完善。南美共同市场虽然一直致力于效仿欧元创建共同货币，但是其主客观条件都存在先天不足，相应的金融基础设施的配套建设也会更加滞后。金砖国家R5的设想目前主要在政治层面，如何在经济方面落地还未有定论。相较于区域共同货币，双边本币贸易结算是降低对美元依赖的更为务实的选择。为促进和扩大本币贸易结算，一方面国家间支付基础设施的互联互通安排正在持续增加（见表5-1），新的配套的基于本币清算结算的基础设施供给也在不断增加，如印度中央银行于2022年7月推出的卢比（INR）结算体系。另一方面，正如印度尼西亚总统佐科提到的，为了避免"可能的地缘政治后果"，维萨、万事达卡等由西方提供的跨境支付基础设施将面临收缩。

表5-1 运行中的全球多边支付平台

平台名称	覆盖国家	运营时间	货币种类
泛非支付结算系统（PAPSS）	非洲大陆诸国	2021年9月	适用于非洲大陆内部40余种货币结算
阿拉伯湾金融快速支付转账系统（AFAQ）	6个海湾阿拉伯国家合作委员会（简称"海合会"）国家	2020年12月	海合会国家6种本地货币（一期已完成），美元、欧元主流货币

续表

平台名称	覆盖国家	运营时间	货币种类
阿拉伯支付平台（Buna）	22个阿拉伯国家	2018年	阿联酋迪拉姆、埃及镑、沙特里亚尔、约旦第纳尔、美元和欧元
东非共同跨境支付系统（EAPS）	6个东非共同体国家	2013年11月	东非共同体6种本地货币
东南非共同体跨境支付系统（REPSS）	20个东南非共同市场的国家	2013年7月	南非兰特

当然，我们也要客观地认识到本币贸易结算的局限性。以往各国的本币贸易结算计划主要致力于降低汇兑成本，降低受到美元货币政策溢出效应的影响，而本轮俄乌冲突发生之后，当前的本币贸易结算推进计划都具有强烈的政府推动色彩，旨在实现重要跨境金融基础设施的自主可控，防止未来一旦涉及地缘政治冲突，丧失主动性和自主性。由此可见，本币贸易结算随之而来的跨境金融基础设施的供给，会进一步加剧全球跨境金融基础设施的碎片化程度。

同时，我们也应该理性地承认，短期内本币贸易结算对当前以美元为主导的跨境金融基础设施的冲击是有限的。在前述方案中，如欧亚经济联盟、东盟等本币结算计划，实施范围仍主要停留在内部贸易层面，与域外经济体之间进行交易，仍需要以美元为基础的跨境金融基础设施的支持。尤其是本币贸易结算更多发生在亚非国家及俄罗斯，多数国家之间的经贸联系远不如其与域外发达国家的经贸联系密切，这导致本币贸易结算规模在全球总结算规模中的影响有限。同时，除了俄罗斯的"卢布结算令"是强制性命令之外，多数国家在机制和技术层面支持本币结算，但没有强制要求必须使用本币结算，其推进本币结算计划的目的不是完全与美元隔离，而是出于对地缘政治动荡乃至预防美元货币政策负向溢出效应做出的预防性方案。新结算体系的推出，需要强大的经济实力和相对强势的货币做支撑，否则很难具有持续性。以印度的"卢比结算体系"为例，印度和俄罗斯关于适用印度卢比结算的合作已经遭遇明显的危机，由于卢比的不稳定性，俄罗斯不愿意持有卢比，而希望以其他货币支付。同样，俄罗斯的卢布结算也没有取得预期的成功，只有少数的天然气进口商遵循俄罗斯的命令，其他的央行和金融机构开设了结算账户。

最后，双边货币互换协议虽然有助于贸易双方开展本币结算，但需要以双边贸易平衡为基础，否则很难持续。例如，中国曾在20世纪六七十年代与拉美国家、苏联签订双边支付协定，但都因为未能解决贸易不平衡问题，协定以被废除告终（张礼卿，2023）[92]。而前述俄罗斯和印度就卢比结算问题的谈判一直陷入僵局也是例证。就算将双边贸易平衡这一约束条件排除在外，目前基于双边互换协议的本币结算计划也有体制上的障碍。具体而言，各国央行层面签订的互换协议没有有效进入商业银行和企业的货币授信，没有进入银行间市场，因此在推动双边本币结算方面难以发挥应有的作用（李大鹏，2017）[93]。

三、技术进步是持续推动跨境金融基础设施发展进化的动力源

技术持续的突破迭代是推动跨境金融基础设施演变进化的原动力之一。在分布式账本技术（DLT）、区块链、智能合约、云计算等新兴技术的推动下，一方面现行跨境金融基础设施的固有模式和软硬件设施在不断更迭变，跨境服务的效能显著提升，例如依托新技术的即时支付系统正在重新刻画跨境零售支付新场景。另一方面，CBDC 正在成为未来跨境支付领域的"新宠儿"，部分项目实验已经证实了 CBDC 互联实现跨境支付的技术可行性。然而，需要指出的是，无论是国家间即时支付系统的互联，还是 CBDC 互操作的实现，对跨境支付体系的重构/冲击都将是渐进式的，而非颠覆式的。在全球范围内，传统与新型跨境支付体系将在很长时间内共存，且后者为前者的衍生，二者互相协作，互为补充。当然，渐进过程中，代理银行等传统跨境金融基础设施虽然短期内不会被取代，但是其总量将进一步收缩，其功能侧重点也可能发生改变。制度安排将决定技术带来的便利与动能在多大程度上被释放，或以何种方式具体体现。同时，新型跨境金融基础设施的提供相比于传统跨境金融基础设施，更需要公共部门和私营部门的合作。

(一)技术革新正在加速给跨境金融基础设施赋能

技术革新正在重新刻画跨境金融基础设施。尤其是区块链技术[①],凭借其中心化、开放性、独立性、安全性、匿名性等特征优势,已经深度参与到跨境支付、外汇交易等跨境金融基础设施中,为全球主要金融机构跨境交易构筑了更加安全有效的金融基础设施基底。

例如区块链在跨境支付项目中的应用,相比传统的跨境支付模式,具有以下优势。一是效率较高,区块链技术将原来逐个节点确认传递的汇款模式,改变为业务节点实时同步并行确认,这提升了交易效率,时效性提升至秒级,并可实现 7×24 小时连续运作。二是费用较低。区块链技术将跨境支付转换为点对点交易,不再依托代理行、SWIFT 等第三方,缩短了交易环节,从而降低了交易费用。从理论层面来讲,区块链跨境支付可以降低 90% 以上的交易成本。三是安全性较强,分布式架构中单个节点故障不会影响整个系统的正常运行。四是不可篡改。区块链上每个节点均参与记账,实现账本数据不可篡改,可促进多方信息共享和协同操作,增加跨境支付双方的信任度。五是透明性高,可以在区块链上设置监管节点,及时获取监管数据。六是扩展较灵活,新参与者可以快速、便捷地部署和加入系统中(刘红玉,2021)[94]。上述优势使得区块链技术成为跨境支付基础设施革新的重要技术选择之一。

实践中,在技术进步的加持下,全球跨境支付正在迈向"即

---

① 区块链是分布式账本技术的一种形式,并不是所有分布式账本技术都会用区块链来保证安全有效的分布式共识。

时"支付时代，即实时或接近实时并尽可能接近全天候地向收款人传输支付信息和提供最终资金的支付。当前，全球范围内约60个国家和地区拥有即时支付系统或快速支付系统。但是大多数的即时支付系统服务范围限于一国境内，不支持跨境服务。2023年8月，美联储也宣布推出及时支付系统FedNow，但是其目标服务范围仍聚焦于美国国内金融机构之间的支付服务。如果不同国家的即时支付系统能够连接起来，跨境零售支付、跨境汇款等可以实现低价值的即时支付，这将为跨境支付市场带来新的机遇。目前即时支付系统绝对离散的情况正在改善。一方面，不同国家即时支付系统之间正在寻求互联，尤其是东盟国家之间，新加坡的PayNow系统已经分别和泰国的PromptPay和印度的统一支付接口（Unified Payments Interface，UPI）实现了互联，且PayNow–UPI也是全球首个以云计算为基础的基础设施。菲律宾中央银行目前也正在积极推进与东盟国家的跨境支付互联。值得注意的是，不同国家或地区之间支付系统的互联互通很大程度上得益于应用程序接口（API）在支付清算领域的普及。FPS之间的链接利用开放的银行API来确保其遵守监管指导方针，并为其提供灵活的结算安排，同时减少交易时间。例如在UPI–PayNow互联安排中，跨境转账通过API获取实时汇率报价。在通过API验证收款人身份有效性之后，一笔转账交易才能成功完成。由此可见，数字技术的进步及其在金融领域中的应用是推动跨境金融基础设施发展的重要动力。

即时支付系统之间的互联能够提升跨境支付的效率，但是这种模式也存在明显的缺陷。将国内系统与其他国家双边连接起来既昂贵又复杂，会产生指数级的联系。例如五个国家之间实现互联互通，需要通过十次两两互联才能达成，这将产生明显的冗余成本和管理维护成本。除了两两互联的模式之外，加强即时支付系统连接的共同平台模式也正在试验中。2021年，BIS创新中心新加坡中心和新加坡金融管理局发布Nexus项目。Nexus通过为跨境和跨货币制定单一的标准和处理模式解决不同国家即时支付系统的差异化问题，通过标准化的应用编程接口（API）解决技术上的交互性，最后通过分布式网络连接多个即时支付系统。2023年3月，BIS（2023）发布的最新进展报告[95]显示，Nexus已经实现了与三个成熟的即时支付系统的连接，包括欧盟央行的TARGET即时支付结算（TARGET Instant Payment Settlement，TIPS）系统、马来西亚的实时零售支付平台（Real-Time Retail Payments Platform，RPP）和新加坡的快速安全转账（Fast And Secure Transfers，FAST）支付系统。通过该平台，使用者只需使用手机号码即可实现跨境支付。

新技术正在用于跨境金融基础设施的方方面面，例如将区块链点对点交易、实时清算的特性应用于外汇市场同样具有重大的改进意义。分布式技术使得中心化清算机构将无须存在，区块链智能合约的去信任化特点可以大大缓解机构协议与押品管理压力，点对点的特定使得T+2清算机制无须存在，同时区块链也能够推动掉期交易时间由离散化转向连续化。当前，CLS是现行最主要的外汇交易系统，但正如在第三章第四部分所述，CLS的PvP机制虽然能够有效降低外汇结算风险，但由于其囊括的货币种类较少以及新兴和发展中经济体的外汇交易量不断增长，全球外汇交易风险仍不容小觑。将更多货币种类纳入CLS结算体系内，这在短期内实操性略弱。然而，在技术推动下，目前基于私人的链上外汇交易基础设施正在扩大这方面的包容性，且结算风险更小。例如，2021 年，富国银行和汇丰银行宣布推出 FX Everywhere，该系统使用一个共同的结算分类账来处理美元、加元、英镑和欧元的交易。通过使用 DLT 技术，金融机构共享外汇交易记录，并可以全面了解交易，从而减少了对账的需要。与以央行货币运营的 CLS 相比，该解决方案能够以商业银行货币进行 PvP 净结算。

新技术正在并将持续渗透到跨境支付、清算结算、外汇交易等各领域的金融基础设施之中，同时也会对现行跨境金融基础设施的存续产生影响。分布式账本技术的点对点交易特征，将减少跨境支付中大量的中间环节；相应地，对 SWIFT 和代理银行关系的依赖将减少，代理银行关系总量将进一步减少。需要指出的是，由于快速支付系统和传统的各种清算系统在原理上并未有本质差别，因此部分国家是金融基础设施供给的增量，尤其是新兴和发展中经济体，而在发达经济体，在原有的清算系统上加载技术即可实现快速支付清算，因此不会对现有的金融基础设施实现替代，而主要是提质增效。同时，新技术也在提升传统和新型跨境金融基础设施之间的竞争。SWIFT 等传统跨境金融基础设施也在主动求变，探索银行利用分布式账本实现跨境代理行的高效核验机制，提升"SWIFT+ 代理银行"模式效率，同时打造 SWIFT GPI 体系，来提供可供用户追踪付款交易、进行大额付款且响应迅速的国际支付方式。

相比之下，代理行清算模式这一传统且主要的跨境支付清算方式的地位正在不断弱化，且这一过程将持续下去。根据支付和市场基础设施委员会（CPMI）发布的数据，全球各大区域在最近十年均经历了不同程度的代理行数量下降，2011 年至 2022 年全球整体下降幅度约为30%[96]，这可能与代理行中介链的跨境支付处理成本高昂、耗时且不透明密切相关[97]（见图5-1）。

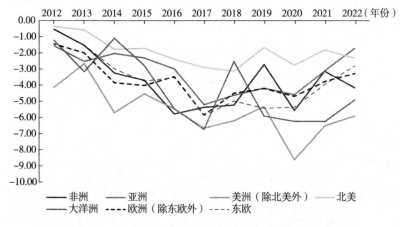

图5-1　全球各地区活跃代理行数量年同比变化（%）

资料来源：CPMI。

（二）跨境支付成为数字货币的重要探索方向

在金融科技推动下，数字货币已经进入快速发展期，正在对实体货币和全球央行主导下的金融架构形成变革性冲击。尤其是在跨境支付领域，已经成为数字货币的主要赛道之一。依托区块链、分布式账本等现代信息技术，数字货币在提高跨境支付结算效率、降低交易成本等方面潜力明显。数字货币根据发行主体不同分为私人数字货币和央行数字货币（CBCD）。私人数字货币按照其是否与法定货币或其他重要资产挂钩可进一步分为虚拟货币和稳定币两大类，其中前者是私人基于算法发行的、基于密码学以及某种数据结构（如区块链）的加密代币，其以法定货币衡量的价值取决于市场交易行为，通常波动极大。稳定币则是与法定货币（或大宗商品、贵金属）保持名义稳定兑换关系的私人数字货币。相比较而言，稳定币的"稳定性"使其能替代价格波动剧烈的虚拟货币，承担数字货币市场的"通货"职能，在业内，稳定币也被视为私人数字货币中更具有支付前景的类型。全球主要央行参与数字货币研究晚于市场，在明确数字货币中所使用的区块链、分布式账本技术（DLT）、智能合约等技术具有广阔的应用前景后，全球各国央行纷纷开启了对 CBDC 的研究与试验，并积极推动 CBDC 在跨境支付中的安排与应用。不论是私人数字货币还是 CBDC，都将推动全球跨境支付体系向扁平化架构发展，有效解决双边代理行模式下的支付链条过长、过于繁杂等问题。

1. 稳定币会进入主流跨境支付领域吗？

区块链技术的快速发展给私人数字货币市场提供了助力。2019 年，Facebook[①] 发布了 Libra 白皮书，指出其使命是建立一套简单、无国界的货币和为数十亿人服务的金融基础设施。通过不同国家的参与及建立相应的虚拟账户，Libra 可以构建一种自我清算的跨境支付体系。后续，以 Ripple、Steller 为代表的新型跨境支付体系也应运而生。其中，Ripple 是一个致力于使用区块链方案在原有银行跨境转账体系基础上改进用户体验的去中心化支付体系，以取代传统依赖 SWIFT 的国际汇款模式。去中心化的 Stellar 系统则在 Ripple 的技术基础上进一步做出改进，支持用户存入任何种类的法币并以

---

① 2021 年 10 月 28 日，Facebook 宣布改名为 Meta。

1∶1的比例在Stellar网络中发行法币的数字化版本，也支持用户随时将数字化版本的法币兑换成传统法币，且交易过程不会涉及银行系统。

前述新型跨境金融基础设施的兴起主要是为私人数字货币服务的。但正如前面导语中所述，私人数字货币市场纷繁复杂。稳定币天然可以实现全球范围的跨境支付交易，基于区块链技术的稳定币实现支付的结构更加扁平化，且信息和资金能够同时转移，实现集成、即时和点到点的支付，这一过程不依赖SWIFT报文服务和代理银行的中介服务。这为脱离传统的代理银行跨境支付模式提供了技术可行性。同时，稳定币也支持离线交易，并可在无银行账户的条件下实现货币实时交易，这大大地提升了跨境金融服务的包容性。此外，区块链的分布式结算系统可以避免单一系统运营者在发生技术故障时停摆或随意更改清算信息导致对清算秩序的破坏，保证在中心化运营者缺位时结算信息的可信度。然而，从认定方面，FSB认为虚拟货币的本质是资产而非货币，用于支付具有很大的局限性。相比较而言，稳定币可能是跨境支付领域较有前景的私人数字货币。

目前市场上的稳定币主要有五种类型：一是法币质押稳定币，即通过1∶1抵押锚定的法币（如美元、欧元等）来发行的稳定币，如USDT、USDC、PAX、GUSD、USDS等；二是加密超额质押稳定币；三是以商品（如贵金属等大宗商品）抵押的稳定币，如GDX（黄金支持）、TCX（7种贵金属组合）、SRC（房地产投资组合支持）；四是以其他加密货币支持的稳定币，如DAI（以太坊超额质押）；五是算法稳定币，试图通过算法实现1∶1锚定美元，如AMPL、UST等。从支付安全视角来看，法币质押型稳定币更受市场的青睐。据统计,当前全球发行的数字稳定币中有 93.6% 是锚定法定数字货币,其中美元占 99%。

在新一轮科技浪潮中,大型科技金融公司是稳定币发行的市场主体,如摩根大通、三菱东京 UFJ 银行、瑞穗金融集团、瑞士国家证券交易所、澳大利亚电子支付服务 Novatti 集团、印度印鉴银行等,都在积极发行基于本国币种的稳定币。大部分金融机构的发行对象主要面向金融机构、跨国及资产管理公司等机构用户,专注于跨境支付和体系内的结算,而不在二级市场流通,具有较强的货币属性(刘旭 & 尚昕昕,2022)[98]。已建立的支付系统也正在将稳定币集成到其平台中,如 VISA、MasterCard 等传统支付巨头也积极参与和稳定币的合作,提高跨境支付效率。VISA 正在测试使用以太坊上的 USDC 进行大额结算支付。MasterCard 也已经和 Stables 合作推出了亚太地区的稳定币数字钱包,支持亚太地区所有持有 MasterCard 的商家使用稳定币进行支付。需要强调的是,VISA 和 MasterCard 的上述稳定币支付过程,技术上都可以跳过将数字货币转换为传统货币的环节,可以实现稳定币直接支付,这有助于提高稳定币跨境支付的效率。

当然,稳定币在跨境支付领域也有了一定的实践。例如,USDT 已经被广泛用于中国、越南和东欧各国之间的跨境贸易。在拉丁美洲、非洲和中东部分,稳定币更多被用于跨境汇款。尤其是非洲地区,由于面临居高不下的通胀率导致的巨大货币贬值,以及信息通信计划和设备的普及率不断提高,非洲国家的海外侨民面临大量跨境汇款需求,跨境电商的跨境贸易结算需求也不断高涨。据统计,在非洲加密货币交易市场中,超过 88.5% 的交易是用于跨境转账。除了在跨境贸易支付结算和个人跨境汇款领域的实践应用,稳定币在国际援助中也小露端倪。2020 年 11 月,区块链巨头 Circle 获美国政府许可,使用与 Coinbase 发行的与美元挂钩的稳定币 USDC 向委内瑞拉医务人员和其他当地人发放救援资金,以绕开马杜罗对委内瑞拉金融系统施加的控制。在本轮俄乌冲突中,联合国难民署(UNHCR)通过与 Stellar 发展基金会合作,利用区块链技术,以 USDC 稳定币的形式向乌克兰境内流离失所者提供人道主义援助。

但是稳定币一直未能进入主流支付系统,且时有稳定币因背后代币崩溃而崩盘的事件发生。2023 年 8 月,全球支付巨头 PayPal 宣布推出基于以太坊的美元稳定币 PYUSD,成为第一个发行稳定币的传统大型金融机构。未来符合条件的美国 PayPal 用户可以直接在 App 中用美元购买 PYUSD,并和兼容的外部钱包之间转账,或直接使用其进行支付,或兑换成以太坊支持的其他任何加密货币。值得注意的是,需提供支持稳定币的资金经过证实的报告,认证由独立的第三方会计师事务所出具,并按照美国注册会计师协会制定的认证标准进行,以消除人们对无支持代币的担忧,Paxos 也会发布 PayPal 月度储备报告和 PayPal 美元储备资产价值的公开第三方证明。一直以来,美元稳定币只是在加密货币市场提供一些价值的稳定币,方便跨交易所的转账等,但是一直无法进入主流支付系统范畴。PayPal 的入局,似乎给稳定币在支付领域发挥作用提供了可能性。

目前稳定币被认为在跨境支付领域具有发展潜能,主要原因是它与其他私人数字货币相比相对稳定,即其和法定货币挂钩。但稳定币是否真的能在主流支付领域占据一席之地是存在很大疑问的。首先,在信用货币时代,货币背后的支撑一定是政府信用,是具有公共产品属性的，私人以自身信用发行的稳定币很难长时间经得起市场考验，私人逐利的特征也很难支撑稳定币的大规模支付使用。PayPal 发行的稳定币，虽然有美元和其大型支付机构的信用做背书，但是其使用范围主要限于 PayPal 体系内用户，使用效果有待继续观察。其次，稳定币虽然和法定货币挂钩，但稳定性还是存疑的，依然容易受到市场波动的影响，Meta[①] 最后发行的 Diem 币最终也是以失败告终，TerraUSD、BUSD 等稳定币也遭遇了崩盘。除了和法币直接挂钩的稳定币缺乏稳定性，尤其是前文所述的后三类稳定币，其标的资产更遭受重大冲击，这会使得相应的稳定币丧失稳定性，导致持有人的重大损失。再次，目前稳定币用于支付的模式更多还是通过加强和传统的金融机构或基础设施的联系。VISA 和 MasterCard 等传统支付巨头虽然已经进行了稳定币的支付实践，但是稳定币作为相对新生事物，提高其在跨境支付领域规模的关键还是要激励商家接受稳定币作为支付手段。最后，私人数字"货币"包括稳定币可能被用于非法交易、赌钱、走私甚至恐怖活动，去中心化的难以追踪性给全球监管带来了很大的挑战。而目前关于稳定币的监管框架还很不完善，大多数国家对于稳定币的监管仍然处于起步阶段。PAX、GUSD 是目前已经受到监管的稳定币币种，但是多数稳定币还处于监管真空状态，稳定币的跨境支付模式可能会给反洗钱、反恐怖融资等带来巨大挑战。2022 年 7 月，CPM 和 IOSCO 联合发布了关于稳定币安排的最终指导意见，确认《金融市场基础设施原则》适用于交易稳定币的系统重要性稳定币安排，将支付、清算和结算系统的国际标准扩展到具有系统重要性的稳定币安排。但

---

① 是 Facebook 现用名。Facebook 在 2021 年 10 月 29 日宣布改名为 Meta。

是由于《金融市场基础设施原则》的非强制性，以及各国监管进程的参差不齐，稳定币市场规模在监管到位之前将持续快速扩张。

2. 央行数字货币正致力于实现跨境互操作

央行数字货币（CBDC）本质上是以电子形式发行的央行负债，具有和法定货币一样的支付、记账和价值存储功能。除了作为支付工具和结算资产属性之外，CBDC 不同于法定纸币的显著特征是具备作为基础设施的属性（何东，2023）[99]。截至目前，全球范围内有超过 110 个国家和地区正在研究探索 CBDC，包括批发型 CBDC 和零售型 CBDC，还有部分经济体的 CBDC 同时兼具批发和零售支付功能。和私人数字货币相比，CBDC 同样可以降低跨境支付中对链条复杂的代理银行中介的依赖，同时由于其是由各国政府央行发行的，具有法币的安全性，因此其在改善跨境支付方面更具潜力。

目前各国央行研发推出的 CBDC 主要使用于国内场景，要实现在跨境场景中使用，改善大额跨境支付并降低外汇成本，需要进行系统安排或提供新的现代化的配套金融基础设施。实现 CBDC 跨境支付有两种可行的思路。一是发行 CBDC 的国家直接允许非居民和外国支付服务提供商（Payment Service Provider，PSP）接入国内 CBDC 系统使用，发行央行之间不需要具体协调。其中零售型 CBDC 对上述两类参与者都适用，此种情形下零售型 CBDC 可以不依赖于商业银行等金融机构的中介功能，实现跨境点对点的支付，钱包也没有境内、境外和离岸、在岸之分（黄国平，2022）[100]。批发型 CBDC 则是针对外国 PSPs 开放实现跨境支付。二是以央行间的紧密合作为基础，在不同的零售或批发 CBDC 之间建立准入和结算安排。在第二种情形下，需要不同国家 CBDC 之间建立互操作安排，即实现不同国家 CBDC 系统之间的交互互联，以及 CBDC 与现有的非 CBDC 金融基础设施的交互互联。此种情况对现行代理银行跨境支付体系的金融中介功能更多是改进和完善，而不是完全取代。就现状而言，上述第一种情形下的 CBDC 如果在他国广泛使用可能会造成他国货币的替代问题，且需要 CBDC 发行国具备较高的监管水平和金融风险应对能力，导致可行性大为减弱。第二种安排是目前的主要行进方向，即通过设置多边的互操作系统实现 CBDC 的跨境支付安排。

互操作性使得不同司法管辖区、支付提供商和（技术）系统之间可以无缝实现转移和结算支付，而无须银行或 PSPs 同当前的代理行模式一样需要同时参与多个系统或司法管辖区才能实现跨境支付结算。支付与市场基础设施委员会（CPMI）给出了实现互操作性的三种主要模式（见图 5-2），即兼容模式（Compatible model）、互联模式（Interlinked model）和单系统模式（Single system model），其中互联模式又可进一步分为单点接入模式（Single access point）、双边连接模式（bilateral link）和中心辐射模式（Hub-and-spoke solution）。

兼容模式可以视为前文所述 CBDC 跨境安排的第一种情形，不直接将不同的 CBDC 系统连接起来，而是通过使用一套通用的标准（如消息格式、加密技术、数据要求等），减少 PSPs 同时参与多个 CBDC 系统的负担。PSPs 基于上述通用标准可以直接或间接接入一国 CBDC 系统实现跨境交易。从基础设施视角看，兼容模式仍然需要中介系统，尤其是如果 PSPs 只能通过间接方式接入一国 CBDC 时，仍需要 PSPs 建立代理行来实现跨境支付的闭环。兼容模式是实现 CBDC 跨境互操作较为简单的方式，技术要求相对较低，但是可能面临较为繁杂的技术协调。这源于各国 CBDC 的技术逻辑并非完全一致，相应地，不同国家允许 PSPs 接入本国 CBDC 系统的通用标准很难统一，这就给 PSPs 接入不同国家的 CBDC 系统实现国家间 CBDC 的跨境支付带来技术上的复杂性，也需要高度复杂的国家间监管协调。不过在兼容模式下，完成跨境支付的中间服务上竞争将越发激烈，这也有助于促进跨境支付提质增效。

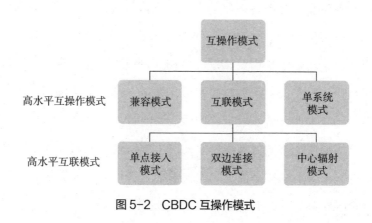

图 5-2　CBDC 互操作模式

资料来源：Secretariat C（2022）[101]。

CBDC 的互联模式通常需要参与管辖区及其支付系统之间具有一定程度的兼容性，将不同的 CBDC 系统与一套技术和合同协议联系起来，这些共同安排将允许相互关联的 CBDC 系统的参与者相互交易，而无须成为每个系统的直接参与者，也无须与每个系统的中介机构建立双边安排。具体到每一种互联模式上，单点接入模式中，一个系统中的参与者可以通过单一的"网关"实体访问另一个系统，例如 PSP 作为所有系统的单一代理行，并充当所有其他参与者的网关。双边连接模式中，两个单独的 CBDC 系统直接连接，一个系统中的参与者可以直接与另一个系统中的参与者进行交易。中心辐射模式中，正如其名，通过一个公共的中心轴承系统连接两个或多个独立的 CBDC 系统，让不同的 CBDC 接入该中心系统上，实现互联互通。上述三种互联模式，从技术实现方面来看，都将面临复杂的技术协调问题。在单点接入模式中，每个 CBDC 系统都需要至少一个 PSP 作为单一代理行，且 PSPs 实现不同国家 CBDC 的互换仍需要重复接入不同国家的系统。双边连接模式，如果只需要两个国家的 CBDC 系统互联则相对较为简单，只需要实现二者的技术协调即可，但是如果需要实现多个国家跨境支付，则两两之间就需要进行协调，互联系统数量也呈几何指数上涨。中心辐射模式如若成行，则技术实现难度较低，但由于目前各国的 CBDC 多数独立研发，已经形成了不同的技术范式，将不同技术范式的 CBDC 整合到中心辐射模式上同样面临复杂的技术难度。

单系统模式不是连接独立的 CBDC 系统，而是建立一个公共的平台或者一个共享的"走廊网络"来实现 CBDC 之间的互通，这种模式也被视为多边 CBDC 模式（mCBDC）。在该模式中，参与的中央银行采用一个统一的规则手册、一套统一的参与标准和一个统一的基础设施。与兼容模式和互联模式相比，单系统模式可能会提供更有深度的集成、更强大的功能和更高的支付效率。此外，mCBDC 在技术上的可行性更高，在共同平台上，点对点的交易消除了对传统代理行支付链的需求，同时，规则和流程的自动化降低了合规成本，单一共同账户上的付款记录保证货币持有量实时可见。当然，需要指出的是，mCBDC 需要参与的中央银行之间进行全方面的协调，不论是技术方面还是监管方面。

不论是零售型 CBDC 还是批发型 CBDC，都能通过上述各种互操作技术和制度的安排用于跨境支付。目前，部分 CBDC 跨境项目已经在陆续展开实验（见表 5-2）。总体而言，批发型央行数字货币在跨境支付中的应用更受重视，多数项目都致力于 CBDC 跨境的批发使用，如 mBridge、Dunbar、Mariana、Jura、Onyx/Multiple wCBDC、Jasper、Aber 等项目。Rosalind、Sela 和 Icebreaker 则是致力于零售 CBDC 的跨境使用项目。由香港和 BIS 合作推进的 Aurum 项目则同时适用批发和零售跨境场景。

从技术视角来看，表 5-3 中项目的构建和运行多是基于 DLT 技术框架，接入模式上多采用封闭或直接访问模式。各个项目的设计思路和数字技术体系都能够支持批发 CBDC 实现同步跨境转账功能。从互操作模式来看，mCBDC 模式的应用最为广泛，多数项目已经验证了此种模式下实现 CBDC 跨境交易结算的技术可行性，mBridge 已经完成了基于真实跨境交易的试点。尽管目前每一个 mCBDC 的参与主体还不多，但是这类模型的可扩展性较好。2022 年 10 月发布的 mBridge 进展报告指出，mBridge 平台在业务设计之处就建立了基础设施对接模块，可兼容多种对接模式，可以促进现有大额支付系统（如 RTGS 或 FPS）和新的基于 CBDC 的批发系统之间的互操作性，实现资金的跨境转移。同时，对于尚未建立央行 CBDC 系统的国家，还可以在 mBridge 上直接发行其 CBDC。再如 Jura 项目，在促进 CBDC 跨境互操作的基础上，还探索验证了与传统基础设施（RTGS 系统、TARGET2 和 SIC）和 DLT（SDX 测试平台）之间的互联。

不同项目在创建和实践中也各具特色，其中部分项目进一步将

表 5-2 CBDC 互操作模式的关键特征和技术特征

互操作模式	关键特征	技术标准化：技术协调 VS 技术基础设施和实施
兼容模式	CBDC采用共同的标准； PSPs可以直接或间接地接入外国CBDC系统中； FX（外汇）通过PSPs实现	技术协调高度复杂性；如果系统不同，则技术实施将面临更多的挑战
单点接入模式	CBDC系统通过单个"网关"实体同接连接； 该实体充当各个CBDC系统所有参与者的单一接入点； FX通过"网关"或者PSPs实现	技术协调高度复杂性；如果系统不同，则技术实施将面临更多的挑战
双边连接模式	CBDC系统通过技术和合同协议直接相连； 一个系统的参与者可以直接与另一个系统的参与者进行交易； FX通过PSPs或互联安排实现	如果需要大量的技术协调和需求链接，则会增加复杂性
中心辐射模式	一个共同的中心将各个司法管辖区的CBDC系统连接起来； FX可以通过PSPs或者通过中心提供的互联安排实现	技术协调高度复杂性；如果系统不同，则技术实施将面临更多的挑战
单系统模式	单一通用技术基础设施支持多个CBDCs； 可能包括一个共同的规则手册； FX可以通过单系统或者PSPs实现	技术协调高度复杂性；技术实现低复杂性

资料来源：Secretariat C（2022）。

新技术应用到 mCBDC 的共同平台上，例如 Onyx/Multiple wCBDC 项目是首个应用自动化做市商（AMM）和流动性管理功能（LMF）支持跨境支付和结算的 mCBDC 实验。Mariana 项目则致力于使用 DeFi 协议进行跨境 CBDC 交易和结算。未来的 AMM 协议、LMF 等将成为新一代金融基础设施的重要组成部分。Helvetia 项目和 Jasper-Ubin 项目解决互操作的模型分别是兼容模式和双边连接模式，其中 Helvetia 项目是首先建立银行间清算系统和数字交易所，然后将批发 CBDC 整合到央行和商业银行的核心系统中，这种模式和传统的跨境支付模式高度相似。Jasper-Ubin 项目则是两个项目的连接，该项目中仍需要中介机构的参与，不过此种情形下的中介机构和传统的代理行有所不同，即中介在促进交易完成的同时无须交易方持有资金，而传统的代理行需要持有资金，同时 Jasper-Ubin 项目尽管仍然以中介完成交易闭环，但是中介的数量将大大减少[102]。此外，Jasper-Ubin 项目在第四阶段实验中除了中介方案，还进一步验证了直接交易模式以及分布式账本支持技术模式，实验结果都证明能够实现同步跨境转账。

在零售 CBDC 跨境互操作项目方面，Icebreaker 项目采用中心辐射模式，为降低技术协调难度，该项目对连接到其中心系统的零售 CBDC 系统提出了一套最低限度的技术要求。2023 年 3 月，该项目成功完成了一项在国际支付中使用零售 CBDC 潜在利弊的研究，并完成了一笔跨境交易的支付测试。该项目的显著特色之一是改进了目前大多数跨境支付系统中支付方无法选择汇率的缺点，外汇供应商可以向系统中心提交报价，系统会自动为最终用户选择最便宜的报价。Rosalind 项目同样致力于实现零售 CBDC 的跨境支付，其互操作模

表 5-3 推动 CBDC 跨境使用的项目

项目名称	用于批发或零售	参与主体	互操作模式	技术可行性或目标验证
Multiple CBDC Bridge (mBridge)	批发	泰国、中国、中国香港、阿联酋、BIS创新中心、私营部分合作伙伴	单系统模式（mCBDC）	验证了CBDC之间的互操作；验证了大额支付系统与CBDC的互操作；完成了基于四种央行发行CBDC的真实交易试点
Dunbar	批发	澳大利亚、新加坡、马来西亚和南非的中央银行	单系统模式（mCBDC）	旨在促进金融机构之间直接以不同CBDC进行跨境交易；已完成第一阶段研究与测试，可使用多个央行发行的CBDC进行国际结算，而无须代理银行等中小机构
Onyx/ Multiple wCBDC	批发	法国、新加坡	单系统模式（mCBDC）	已验证使用CBDC进行批发跨境支付与结算；验证了新加坡无CBDC和欧元CBDC之间的跨境和跨境货币交易；首个应用自动化做市商（AMM）和流动性管理功能（LMF）支持跨境支付和结算均为mCBDC实验
Mariana	批发	法兰西银行、新加坡国家银行、管理局、瑞士国家银行、BIS创新中心	单系统模式（mCBDC）	尚未设施验证；致力于使用DeFi协议进行跨境CBDC交易和结算；跨境自动化做市商项目（AMM），探讨了利用AMM在批发层面促进瑞士法郎、欧元和新加坡"元"批发CBDC之间的交换
Jura	批发	法国、瑞士国家银行、BIS创新中心	单系统模式（mCBDC）	验证了CBDC之间的互操作；探索了与传统基础设施（RTGS系统、TARGET2和SIC）与DLT（SDX测试平台）之间的互联
Aber	批发	沙特中央银行、阿拉伯联合酋长国中央银行和六家商业银行	单系统模式（mCBDC）	2019年启动。项目分为三个不同的阶段，2020年12月已经完成。Aber是一个银行间支付系统，要求兼具传统RTGS系统的特征，但扩展到涵盖跨境支付，允许商业银行之间在没有中央银行节点的情况下进行支付和结算

第五章 全球跨境金融基础设施布局的演变趋势

续表

项目名称	用于批发或零售	参与主体	互操作模式	技术可行性或目标验证
Helvetia	批发	瑞士国家银行、BIS创新中心、商业基础设施运营商SIX之间的合作	兼容模型	第一阶段首先建立端士实施全额结算系统（SIX银行间清算系统）和SIX数字交易所（交易和结算代币化资产平台）；第二阶段将商业银行加入实验，将批发CBDC整合到央行和商业银行核心系统中——2022年1月成功完成
Jasper-Ubin	批发	加拿大银行、新加坡金融管理局、英格兰银行、汇丰银行——Jasper项目；英国、加拿大和新加坡——Ubin项目	Jasper项目和Ubin项目双边连接模型	不同的基于DLT的现金结算网络的互操作性支持运营模式，模型中的两个条件：使用中介和允许直接获取央行的银行的负债。该项目成功演示并实施了使用HTLC（哈希时间锁定合约）在新加坡基于Quorum的网络和加拿大基于Corda的网络之间执行原子交易的能力
Icebreaker	零售	BIS创新中心北欧中心、以色列、挪威、瑞典央行	中心辐射模式	对连接到它的零售CBDC系统提出了一套最低限度的技术要求；测试了在不同实验性零售CBDC系统之间以中心辐射模式进行跨境和跨货币交易的技术可行性
Rosalind	零售	英国、BIS创新中心	单点接入模式	致力于验证中央银行账本如何和私人部门供应商有效沟通；该项目的目的可兑换性将探索将CBDC转换为其他形式的货币（如商业银行货币和稳定币）的技术可行性
Sela	零售	以色列、中国香港和BIS创新中心	中介CBDC模型（Intermediated CBDC model）	Project Sela的项目是在Project Aurum的基础上，深入探讨零售层面央行数字货币网络的安全事宜
Aurum	批发和零售	中国香港、BIS创新中心	中介CBDC模型（Intermediated CBDC model）	Aurum是一个全栈、前端和后端的央行数字货币系统，包括批发银行系统和零售电子钱包系统；批发银行间系统建立在DLT之上，零售电子钱包系统是一个基于银行的钱包网络；零售电子钱包系统中流通的数字货币包括两种：中间CBDC和CBDC支持的稳定币

资料来源：上海发展研究基金会整理。

式类似于单点接入模式，具体而言，采用一个 API 作为平台，将中央银行核心分类账与支付接口提供商连接起来。在货币可兑换方面，Rosalind 项目将致力于探索将 CBDC 转换为其他形式的货币（如商业银行货币和稳定币）的技术可行性。将稳定币纳入目标，该项目未来和私人数字货币市场基础设施将有进一步的交互互联安排。

Aurum 项目是 BIS 创新中心和香港金管局推出的同时致力于批发和零售 CBDC 跨境互联的项目，目前原型已经搭建完毕。其批发银行间系统建立在 DLT 之上，零售电子钱包系统是一个基于银行的钱包网络。Aurum 项目的批发 CBDC 系统和其他项目相比并无十分特别之处，但是其零售 CBDC 系统电子钱包中流通的数字货币包括两种：中间 CBDC 和 CBDC 支持的稳定币，前者由央行向商业银行发行，是央行的直接负债，后者则由商业银行发行，是发行银行的负债。Rosalind 项目也将稳定币纳入系统之中，但其稳定币是现有的私人市场发行的稳定币，而 Aurum 项目纳入的稳定币则是由 CBDC 支持的稳定币，这是 CBDC 发展过程中的一项独特发明。后续技术可行性验证之后，或将引起市场发行挂钩 CBDC 的稳定币潮流。

批发和零售 CBDC 在实现跨境支付上都具备技术可行性，都能够对现有时间长、速度慢、成本高、不透明的跨境支付体系起到显著的改进作用。当然，批发和零售 CBDC 应用于跨境支付又各具特点。就零售型 CBDC 而言，其在跨境支付场景中应用具有两个优点：第一，开放性好。境外用户无须拥有境内商业银行存款账户，只需开立央行 CBDC 钱包就可以拥有和使用央行 CBDC，在 CBDC 钱包分级管理机制下，后者要求比前者低。第二，任何两个央行零售 CBDC 钱包之间都可以直接进行点对点交易，可以不依赖传统的代理银行网络。批发型 CBDC 主要用于支持跨境大额贸易，其跨境机制是一些经中央银行许可的商业银行在汇总境内用户的跨境支付需求后，使用央行数字货币与境外商业银行交易。在这一过程中，代理银行角色被保留，但是代理银行链条大幅缩短，也不存在代理银行之间往来账对流动性的占用（邹传伟，2023）[103]。上述基于共同平台的项目理论上可以允许参与司法管辖区的商业银行参与者直接以任何一种货币进行交易，而不需要设置外国代理银行账户。

由此可见，随着 CBDC 的持续发展，传统的跨境金融基础设施将面临两个方面的影响：

· 基于 CBDC 的新型跨境金融基础设施安排增多，这会对传统跨境支付体系形成部分替代甚至全部替代，尤其是对"SWIFT+代理行"这一中间环节的替代，基于人力的、实体的金融基础设施将减少收缩（尤其是代理行），线上、链上，甚至云上类型的金融基础设施将增多。

· 基于 CBDC 跨境场景预设会改变现有的跨境支付场景模式，SWIFT、代理行等金融基础设施的功能可能会发生变化。

传统金融基础设施被快速替代会对金融市场稳定带来冲击，因此需要减缓这种直接冲击的影响，采取渐进式的替代路径。2022 年 7 月，BIS 在给 G20 提交的报告中提出了对 CBDC 跨境安排评估的标准①，其中第三个标准为"确保与非 CBDC 系统的共存和互操作

---

① 五个标准，即无害（Doing no harm）、提高效率（Enhancing efficiency）、增强弹性（Increasing resilience）、确保与非 CBDC 系统的共存和互操作性（Assuring coexistence and interoperability with non-CBDC systems）、增强金融包容性（Enhancing financial inclusion）。

性"，与国内和其他跨境转账安排共存并可互操作的 CBDC 系统可以避免全球支付系统的碎片化和低效，同时，跨境 CBDC 系统应具有足够的灵活性，以便能够和未来的支付服务、系统、计划和安排实现互操作。如上文所述，已有的 CBDC 跨境项目同时在致力于通过智能合约和 API 实现的 CBDC 潜在可编程性功能可以促进与其他 CBDC 和非 CBDC 系统更快、更好的互操作性。

需要指出的是，尽管强调共存，但 CBDC 跨境发展潮流已不可逆，为避免被替代，SWIFT 这一传统跨境金融基础设施也在加快行动，通过拓展其当前的基础设施，致力于与 CBDC 发展同频共振。由于在目前实现 CBDC 跨境支付的模型中，只有单系统模式是不依赖于 SWIFT 和代理银行系统的，兼容模式和互联模式仍或多或少地离不开传统支付体系的配合，且不同央行根据实际情况也可能混合采用多种互操作模式。SWIFT 正在重点围绕 CBDC 的兼容模式和互联模式进行沙盒实验，探索 CBDC 需要什么样的支付基础设施。SWIFT 具有成熟且广泛的多边兼容和互联优势，主动参与 CBDC 跨境系统的设计和实验，不仅可以帮助 CBDC 在跨境支付中实现从小规模实验向大规模实际运用的过渡，也能以此确保自己的不可替代性。

在 2021 年和 2022 年，SWIFT 分别完成了支持 CBDC 兼容模型和互联模型的第一阶段实验。其中支持兼容模型的实验包括两个子实验，实验 A1 用于测试传统支付系统到 CBDC 系统之间的价值转移。该实验展示了 SWIFT 使用 DLT 技术在传统的支付系统（如 RTGS）和基于 DLT 的 CBDC 系统之间的跨境交易。实验 A2 用于测试两个 CBDC 系统之间的价值转移。SWIFT 采用 HTLC（哈希时间锁定合约）模型展示了不同 DLT 网络上双方的跨境交易如何依赖 SWIFT 通过代理银行系统编排跨境多货币交易的能力。基于互联模型的实验也成功完成了验证。第二阶段实验，SWITF 进一步通过各种技术手段，提高支持 CBDC 跨境支付的无缝性和无摩擦性。参与合作测试的 18 家中央银行和商业银行在全面审查后发现基于 API 的 CBDC 连接器具有"明显的潜力和价值"，验证了 SWIFT 在数字货币和传统货币共存的金融生态系统中可以发挥关键作用。

在迎合 CBDC 发展潮流中，传统跨境金融基础设施的功能也将发生新的变化。例如，SWIFT 现有的角色是一个被信任的第三方支持跨境支付设施，在 CBDC 跨境支付场景中，SWIFT 的角色将超越传统的信息传递，成为不同网络间的协调层或连接枢纽，以帮助 CBDC 网络之间及 CBDC 与其他货币或资产的网络之间实现交互[104]。与此同时，代理行的角色也将发生转变。在兼容模式下，代理行网络仍承担跨境资金的流转功能，只是将传统银行间的电子账户升级为央行数字货币账户；而在互联模式与单一平台模式下，代理行的职责则将偏重于非结算性流程。点对点的资金划转弱化了代理行结算中介的角色，但仍需其在非结算性流程，如国际反洗钱和打击恐怖主义融资中发挥作用。若结算最终发生于传统清算系统，考虑到后者对于非居民银行的接入限制，则仍需要代理行在其中发挥作用（王青 & 钱昕舟，2023）[105]。

（三）辩证看待技术进步对跨境金融基础设施体系的影响

综上所述，全球稳定币与央行数字货币所提供的支付解决方案是高度相似的，技术上都依赖于区块链技术。稳定币已经在跨境支付领域有所实践，而央行数字货币跨境支付目前还主要停留在实验阶段。从长期视角来看，央行数字货币未来将成为批发跨境支付的主流体系。稳定币在零售跨境支付领域或将有进一步的发展。同时随着Aurum、Rosalind等项目将稳定币纳入体系，数字货币的公私合作未来会进一步增强。

此外，关于支持零售CBDC跨境支付发展的必要性存在质疑的声音。2023年4月，美国联邦储备系统管理委员会委员米歇尔·W.鲍曼（Michelle W. Bowman）在一次讲话中表达，批发CBDC可能会有一些前景，可以用于结算某些金融市场交易和处理国际支付，但他认为零售CBDC发展没有必要性[106]。究其原因，零售CBDC跨境支付和现有的FPSs系统在功能上较为重叠，且FPSs的速度已经相当快。特别是美国在2023年7月上线的新FPS系统FedNow，正在大量银行中推广使用该系统。

进一步讲，美国甚至在关于是否使用CBDC这一根本问题上都存在巨大的国内（两党）分歧，且最近保守主义的声音似乎有占据上风的趋势。2023年9月20日，《CBDC反监视国家法案》（HR 5403）在众议院获得通过。该法案由支持加密货币的共和党国会议员汤姆·埃默（Tom Emmer）提出，旨在禁止央行直接向个人发行CBDC，并阻止美联储通过中介间接发行CBDC，同时要求政府支持的数字化代币取得任何进展都必须得到国会的明确授权。埃默认为，CBDC是一种政府控制的可编程货币，如果不是为了模仿现金而设计的，它可能会让联邦政府有能力监视和限制美国人的交易。值得注意的是，埃默对待CBDC与对待比特币等私人数字货币的态度截然相反，他虽以隐私保护为由反对发行CBDC，但却支持私人数字货币，而后者可能对个人隐私造成更大威胁。此外，部分民主党人虽也有对政府通过 CBDC 侵犯个人隐私方面的担忧，但极力反对该法案对 CBDC 发行试点的限制。马萨诸塞州民主党众议员斯蒂芬·林奇称该法案为"一种令人窒息的愚蠢行为"，并表示"这项法案将使美国退出（CBDC 的）游戏"。虽然该法案已经在众议院获得通过，但仍需在民主党主导的参议院获得多数赞成表决，其后续推进或将十分艰难。无论该法案是否最终通过成为法律，其立法过程中的两党分歧已显露无遗，而保守主义在美国 CBDC 立法中暂居上风。

针对前述 FedNow 与 CBDC 功能重叠的问题，本书认为，鲍曼的观点并不完全正确。从跨境角度来看，CBDC 在跨境零售支付中相对于 FPSs 具备如下几条优越性，这将导致大多数国家选择 CBDC 而非 FPSs 用于未来的跨境零售支付结算。第一，CBDC 跨境支付在 BIS 的牵头下已经开展了多项跨境支付的技术路径研究，互操作性较强，跨境支付成本较低；相比之下，各国现有的 FPSs 系统的设计初衷是针对国内零售支付的快速结算，并不涉及跨境支付。若通过 FPSs 系统进行跨境零售支付，则必须依赖不同国家或地区之间的双边或多边 FPSs 链接安排，互操作性较低而且成本较高。第二，基于新生的 CBDC 搭建新的跨境金融基础设施，比将 FPSs 实现重新互联的可行性更高，也更容易。且新生的跨境金融基础设施也更容易和未来的系统衔接互通。第三，除了 FPSs 系统之外，鲍曼认为现行的系统已经可以或者稍作技术调整就可以实现快速跨境支付。这种情况对美国这类发达国家或许是对的，但是对大部分的发展中及金融市场体系很弱的国家而言，并不具备可行性。目前，新兴及发展中经济体是数字货币（不论是私人数字货币还是央行数字货币）的积极参与者，这些国家期望通过技术实现跨境支付领域的弯道超车，起码在区域国家范围内支付，实现域内跨境支付，以降低以往依赖美国主导的跨境金融基础设施的高额成本，甚至被制裁的风险。

对于美国在 CBDC 使用问题上出现保守主义趋势的原因，本书认为，除了埃默所言的对个人隐私的担忧之外，还包含美国对于当前其制度和金融基础设施主导下的国际金融规则的维护。CBDC 一旦在美元跨境结算中大规模使用，无疑会削弱当前以美国银行体系和以 SWIFT 为核心的美元清算体系，各国之间的双边乃至多边交易将会更容易绕过美元清算系统而独立展开，从而导致美元地位下降，不利于美国金融霸权延续。这也能够解释为何埃默等人区别对待私人数字货币和 CBDC，其以保护隐私为由反对 CBDC 发行，但却支持对个人隐私可能有更大潜在危害的私人数字货币。就此而言，即便上述法案被参议院否决，也难言美国有动力发行 CBDC。

由此可见，不论是 FPSs 系统的连接，还是基于数字货币的跨境支付体系的建设，影响其最终发展的不是技术，而是制度因素。以 CBDC 为例，目前多数项目已经验证了技术的可行性，但是非技术方面的协调还严重滞后，特别是标准的连接，对 CBDC 跨境使用的制度性建构意义重大。如何实现监管协调，也是一项亟待突破的制度障碍。相比较于传统类型的跨境交易，由于区块链技术的去中心化和隐蔽性，极大增加了监管的难度。目前世界各国对外国货币在本国的流通均采取分类管理方式，即在将国际收支中发生的交易分为经常项目和资本项目的基础上实行不同的管理体制。而现有基础设施和管理方式都不能满足对数字货币有效管理的要求。因此，必须根据主权数字货币的特点，完善相关基础设施的建设（许偲炜，2022）[107]。同时，加之各国对数字货币发行的态度不一，建立统一的监管标准难度很大。

同时，在地缘政治冲突日益加剧的趋势下，国家间摩擦不断，所有央行数字货币之间不会出现完全互联的情况，虽然单系统模式的CBDC跨境项目具有明显优势，但是将不同币种的CBDC纳入统一平台阻力很大，因此先形成区域性的CBDC跨境支付体系更容易些。这将会削弱对数字货币跨境支付的改善，也可能催生出愈加碎片化的跨境支付体系。此外，部分经济体积极推动数字货币发展的目的之一是绕开美元结算的系统，但是从中长期看，美元仍将维持去国际主导货币的地位，多数新兴国家和发展中国家的货币和实力并不具体提供国际货币的能力。因此，现行的CBDC跨境项目都保留一定的可扩展性，不会贸然选择主动和美元脱钩。例如东亚和东南亚90%以上的区域内金融交易仍是通过美元进行的，基于CBDC的新型金融基础设施最终如何发展还取决于如何与美元金融渠道实现互操作。

最后，在技术的推动下，跨境金融基础设施同时呈现收缩和拓展特征。一方面，传统的中介系统（如代理行）将被逐渐取代；另一方面，新的中介系统正在不断衍生出来。例如，香港公司Red Date Technology推出"通用数字支付网络"（UDPN），以实现CBDC和稳定币之间的连接。该系统将以类似于代理银行的方式连接稳定币和CBDC之间的交易。总而言之，未来CBDC在跨境结算的应用之路仍将面临阻碍，全球跨境交易结算体系也将在很长一段时间内仍保持当前以银行为主导的模式,即便 CBDC 在跨境支付等方面具备优越性,其在全球范围内大规模流行仍需时日。在技术浪潮不断更迭中,新旧金融基础设施将在中长期内实现渐次迭代。

(四) CBDC 对于货币体系可能产生的影响

一些学者认为,随着 CBDC 的使用增多,其本身易于跨境流动的特性以及不同国家使用率的区别可能影响现有的全球货币体系。在交易支付层面,CBDC 的推广应用可能会提高货币发行国在国际货币体系中的地位。多国致力于增加与 CBDC 系统之间的互操作性以充分发挥现有基础设施的作用,增强跨境交易中 CBDC 的外溢性和网络效应,而 CBDC 的交易成本不会随着使用规模的增加而等比例增加。当 CBDC 系统之间互操作性成为其在跨境应用中的主要目标,先推出技术标准的一方则更容易取得先发优势。某个 CBDC 在跨境支付中被大量使用将带来更多的国际货币使用份额,使该货币的国际地位得到提升。因此,仅从交易支付层面来看,推广使用 CBDC 可能为其发行国带来先发优势,进而赢得替代传统国际货币的主动权,从而提升该国货币在国际货币体系中的地位[108]。

然而,从更深层次的角度来看,即便 CBDC 的使用率和交易量在现有基础上大大提升,也并不会对现有的全球货币体系造成根本性冲击,主要原因是,现有货币体系是国际制度安排、世界经济格局以及全球经济体综合国力对比等诸多条件下的产物,而 CBDC 是对现有货币的发行、存储以及流通形式的变革性产物;CBDC 在成为主流支付手段的情况下,可能会对银行体系信用创造、货币政策传导和资金跨境流动等方面产生影响,但它并不能对国际制度造成冲击，也难以影响世界经济格局和经济体综合国力。因此，CBDC即便在全球范围内快速推广流行，它对金融体系的影响也将大概率限于上述几个细分领域，而不会对现有的全球货币体系造成实质性冲击。我们更需要将注意力集中于这几个细分领域可能出现的问题。

首先，CBDC的设计不当可能导致银行"脱媒"，削弱银行体系的信用创造能力。从全球众多国家的试验情况来看，零售型CBDC一般被定义为央行负债，与现金一样同属于M0范畴，但由于其非实物特性与移动支付便利性，公众持有CBDC的意愿可能远强于持有现金。若一国CBDC由中央银行直接发行并管理，即采取一层投放方式，则该国金融媒介的规模和功能都可能会大大减弱，商业银行的许多基础性业务，甚至没有了生存空间[109]。在上述情况下，公众可能更倾向于将银行存款转换成CBDC，商业银行体系的信用创造能力将被极大削弱，商业银行与中央银行产生了一定程度的竞争关系，同时中央银行将面临巨大的负债管理压力，金融体系将不可避免地走向"脱媒"，这将有损金融体系稳定。但若采取二层投放方式，对商业银行体系的冲击就会小很多，原因是原来的基础设施都还存在，大多数已有的信用创造流程可以延续下去。另外，CBDC理论上可以设计成有息形式，以方便CBDC更好地调节货币供应量，但这种设计使得央行几乎完全取代商业银行，可能导致金融体系崩溃，因此要避免CBDC因设计不当而引发的潜在问题。主要货币发行国要在CBDC架构和发行管理方式等方面相互交流，尽可能避免金融"脱媒"以及有损金融体系稳定的情况发生。

其次，CBDC的流行可能影响货币政策的传导效率和有效性。根据IMF针对无报酬的两层零售型CBDC和批发型CBDC（W-CBDC）对货币政策潜在影响的研究，CBDC不会改变货币政策的目标，也不会改变货币政策的操作框架，但它们会对零售、批发和跨境支付产生变化，从而对货币政策的实施和传导产生负面的溢出效应[110]。对零售型CBDC而言，其很可能与银行存款形成竞争关系，通过利率和银行贷款两个渠道削弱货币政策的传导效率乃至影响其有效性。一方面，CBDC会导致公众持有实物现金和银行存款的组合发生变化，公众对CBDC的偏好上升会引起实物现金和银行存款持有总量的下降，其中银行存款的下降对应其负债下降，同时资产方面准备金也会下降，从而导致商业银行体系的资产负债表整体规模下降。存款减少，商业银行无法利用CBDC贷款，导致银行的信贷供给能力降低。因此，在货币政策的银行贷款传导渠道中，即便宽松政策改善企业实际债务水平，但银行信贷投放能力的下降可能会制约企业获取资金，导致货币政策无法顺畅传导到实体经济。另一方面，CBDC的流行可能加大准备金总量的波动性，而准备金是进行公开市场操作（OMO）调节基础货币供应的主要标的，因此可能对央行实行有效货币政策造成阻碍。对于批发型CBDC而言，代币化的W-CBDC有可能分割金融市场，对流动性管理和货币政策的利率传导渠道产生不利影响。在跨境支付中使用W-CBDC可能会增加接受国货币替代的风险，并且在危机时期可能会加快资本流动逆转的速度，从而削弱国内货币当局控制货币和汇率政策的能力。特别地，极端条件下CBDC可能导致货币政策失效，导致系统性风险扩散。在出现银行体系流动性风险并可能导致金融危机爆发之时，出于安全考虑，储户通常会将其银行存款转换成现金，致使银行挤兑破产，引发银行体系的流动性危机。在CBDC广泛应用的社会中，这种"挤兑"行为将变得更加容易，储户甚至不需要到银行取出实物现金，而只需要在网络设备上完成存款与CBDC的转换即可。显然，这会极大地增加银行体系的流动性风险以及金融危机的不可控程度。

最后，CBDC在跨境支付中的大规模应用可能加速资金跨境流动。许多国家的数字化应用程度较低，CBDC的快速大规模应用可能导致货币流通速度显著提升，从而形成通货膨胀。根据货币数量理论，货币流通速度与流通中货币供应量的乘积应大致等于流通中商品服务的总量与价格的乘积，即 $MV=PT$。不少学者担心在现金支付仍占主要地位的国家和地区推广CBDC，可能造成货币流通速度在短期内快速提升，而相应的货币供应量和产出难有显著变化，从而可能造成显著的通货膨胀。因此，在数字化应用程度较低的国家或地区推动使用CBDC需要更加谨慎。

以上是CBDC至少成为主流支付手段之一之时才可能会出现的风险。然而，CBDC发展到这种程度也并非易事，它面临多种强有力的竞争和挑战。第一，相较目前已经流行的第三方支付工具或官方快速支付系统，CBDC在便利性上并无明显优势。目前第三方支付工具和官方快速支付系统的使用已经十分便捷，且从中国数字人民币的实践经验来看，其具体支付方式与第三方支付工具并无二致，分别为基于二维码的"扫一扫"和收付款码，以及基于NFC技术的"碰一碰"，在体验上与主流的第三方支付工具具体支付方式几乎完全一样①。其优势仅在于设备无须联网便能完成支付（数字人民币"硬钱包"如公交卡、社保联名卡可能还有便携优势），很难说这在短期内会改变当前支付市场格局。从中国的实践经验来看，CBDC广泛试点的城市也并未出现CBDC撼动第三方支付地位的迹象。第二，CBDC的跨境支付受到稳定币的挑战。目前以USDT为代表的稳定币客观上已经成为虚拟货币的主流交易品种，大量与数字资产有关的跨境交易都通过稳定币进行。相比之下，全球范围内的CBDC交易目前一般仅限于国内小额零售消费场景。从支付交易生态成熟程度来讲，CBDC还远不及稳定币，很难说未来稳定币持有者会有较强意愿使用CBDC来替代稳定币进行跨境交易，尤其是对于非主要货币发行国发行的CBDC，其面对以锚定美元等主要货币为主的稳定币恐怕难有竞争力。第三，不同的CBDC之间可能产生竞争，尤其是对于经济实力较为落后的小型经济体而言，其本国CBDC可能还面临主要CBDC的挑战。CBDC大大降低了外币的持有门槛，一旦主要货币如美元、欧元的数字形式正式推出并被广泛使用，上述经济体的民众可能会进一步放弃使用币值不稳定的本国货币，转而使用强势货币的CBDC，导致本国经济体出现去本币化现象。

在风险之外，我们也应看到CBDC在跨境支付中的积极作用和优势。BIS通过"货币桥"等一系列跨币种CBDC跨境支付试

---

① 在数字人民币的使用方面，江苏省走在了前列。截至2023年10月末，江苏全省数字人民币交易业务（转账、消费）累计2.3万亿元、5 856万笔，其中消费金额位居全国第一。即便如此，数字人民币在全部消费转账中的占比仍很低，据估计，低于0.5%。

验证明了CBDC理论模型的优势，IMF也正在开发一个CDBC平台，并计划将全球各国和各地区的CBDC都纳入其中，以实现跨境CBDC交易。IMF总裁克里斯塔利娜·格奥尔基耶娃（Kristalina Georgieva）在2023年6月举行的非洲央行会议上表示，该平台预计可以帮助支持跨境CBDC结算的效率、透明度和互操作性，但前提是参与该平台的各国和各地区央行必须同意一个共同的监管框架[111]。而在监管上达成共识并不容易，涉及监管思路、隐私保护、法律法规等多方面的协调，各国和地区必须对监管框架具体条例进行细致的磋商与谈判，因此这将会是一个较为漫长的过程，且具体细节还需要IMF后续披露。但可以肯定的是，不同国家和地区的CBDC系统之间的互操作性将逐渐加强，CBDC外汇报价、询价环节将不断优化，不同CBDC系统有望逐渐形成"统一账本"机制，跨境跨币种CBDC支付的效率和安全性在此基础上将会大大提升。

在CBDC跨境支付的便利性和安全性之外，CBDC的可编程特点和优势也将推动跨境贸易和金融资产交易更多地采用嵌入智能合约的CBDC支付形式。比如在一笔普通的进出口贸易中，贸易参与方签订的贸易条款以数字代码形式存储在区块链上，包括但不限于产品信息、信用证、物流信息和进口通关信息。出口商首先创建智能合约，在区块链上发布产品名称、成分、价格、数量、交货和付款方式等产品信息，并向信用证开证行同步；开证行则在区块链上开立信用证，实现链上实时写入、实时读取以及实时验证抵押；出口商随后根据商定的贸易术语办理保险并安排货物装运；货物运输过程则使用GPS卫星定位以及RFID读写器等工具对产品和承运商进行实时监控，并将产品的一系列数据传输至智能合约，一旦合约满足信用证智能合约规定的条款，则自动触发数字支付，通过类似"货币桥"的 CBDC 跨境支付机制完成支付流程；最后，货物到达目的港或目的地后，进口商、承运商和海关对区块链信息分别进行交叉验证，确认无误后，智能合约自动触发通关放行和提货条款，完成贸易流程。如此一来，货物流与现金流将连接得更为紧密，跨境贸易的信息不对称程度与交易成本将减小，跨境贸易的安全性与效率将得到进一步提升。

再如跨境金融资产交易中，交易双方就某一相关标的交易事项达成一致，规定好交易触发条件、交易价格及数量并将其写入链上智能合约。一旦触发设定条件，CBDC 支付将瞬间完成。该交易形式本质上是以智能合约替代交易所对于合约履行的监控职能，或将极大提升非标准性金融衍生品合约的执行效率。

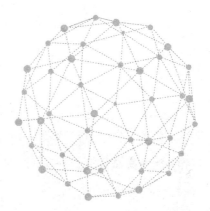

第六章

我国跨境金融基础设施建设的现状及发展必要性

以全球化视野对跨境金融基础设施分析之后，本章聚焦我国跨境金融基础设施，一方面，分析了我国跨境金融基础设施建设的现状；另一方面，在研判未来发展趋势的基础上，浅析了我国跨境金融基础设施发展的必要性。

第六章 我国跨境金融基础设施建设的现状及发展必要性

一、我国跨境金融基础设施建设的现状

虽然我国跨境金融基础设施建设起步较晚，但后发优势明显，能够充分借鉴国际上成熟的经验和先进的标准，因此我国的跨境金融基础设施建设的质量起点更高。尤其是改革开放以来，金融市场主体带动跨境金融基础设施双向供给增多，与此同时，跨境互联互通安排持续加强。

（一）我国跨境金融基础设施建设起步较晚

改革开放伊始，我国金融市场发展较为滞后，跨境交易基本上是利用国际上已有的跨境金融基础设施，除了一些辅助性的、必要的制度安排之外，当时我国自有的跨境金融基础设施非常少。在银行业，当时各大行还停留在"手工联行系统"的时代，支付指令由邮局或电报发出，资金划拨通过中国人民银行，整个过程都是通过人工操作，实现跨境交易相当困难。在 1979 年秋季的第 46 届中国进出口商品的交易会（简称"广交会"）上，中国银行广东省分行与香港东亚银行签署协议，开始代办"东美 VISA 信用卡"取现业务。信用卡作为"舶来品"首次被引入内地，相应的配套基础设施开始逐步建立。但是由于外汇交易仍受到诸多限制，直接的外币交易仍难以进行。1983年，中国银行加入SWIFT，并于1985年5月正式开通使用，这成为我国与国际跨境金融基础设施接轨的重要里程碑。改革开放后，出口贸易开始快速发展，且多数需要以美元、欧元等进行跨境结算，中国香港则以国际贸易清算结算为其业务基点，内地多数企业尤其是东部沿海的企业借助香港金融市场进行外币的清算和跨境支付。而当时国内人民币跨境结算、清算系统建设还较为缓慢，1979—1985年，我国国际结算工作基本由中国银行独家办理，跨境业务范围和金融基础设施效率都相对较低。直至2003年，国家外汇管理局才允许境内机构对外贸易中以人民币作为计价货币，为港澳地区银行个人人民币业务提供清算安排。在最关键的支付体系方面，改革开放之后我国现代化支付体系开始逐步成形，但是直到2015年人民币跨境支付清算系统CIPS（一期）上线，我国才填补了跨境支付清算领域基础设施建设的空白。

跨境金融基础设施建设背后依托的是相应的组织机构，以债券市场为例，我国债券市场主要机构成立时间都较晚（见表6-1），相应地，跨境金融基础设施的建设起步也较晚。在债券跨境购买交易方面，国内市场开始也是借助香港市场。1990年，香港金管局成立债务工具中央结算系统（CMU系统），为外汇基金票据及债券提供自动化结算交收服务，后续将服务进一步推广至非港元债券。2004年4月，金管局与中央国债登记结算有限责任公司签订协议，同意在CMU系统与中央国债登记结算公司负责操作的政府债券簿记系统之间建立联网（单向联通）。自此，内地经批准的投资者才能够通过CMU系统持有、结算及交收香港及海外的债券。而直到2009年，财政部在香港特别行政区发行了首笔60亿元的人民币国债，我国离岸国债才开始正式步入国际市场。此外，截至目前，我国在金融衍生品尤其是以人民币计价的金融衍生品方面的跨境金融基础设施建设方面还基本处于起步阶段。

表6-1 我国债券市场主要组织机构成立时间

机构	成立时间
中央国债登记结算有限责任公司（中央结算公司）	1996年12月
中国外汇交易暨全国银行间同业拆借中心	1994年4月18日
上海清算所	2009年11月28日
中国证券登记结算有限责任公司	2001年3月30日

资料来源：上海发展研究基金会整理。

（二）我国具备后发优势，但距国际领先水平仍有较大差距

正因我国跨境金融基础设施建设起步较晚，我国在跨境金融基础设施建设的过程中，能够充分借鉴国际上成熟的经验和先进的标准，跨境金融基础设施建设的质量起点也更高。尤其是具有系统重要性影响力的金融基础设施，如上海清算所的CCP建设充分吸取金融危机的教训，建设之初就向国际最高标准看齐，当前上海清算所CCP建设获得了国际行业协会的充分认可，甚至在一些领域已经超越了全球最新标准；再如人民币跨境支付系统（CIPS）的建设就充分参考了《金融市场基础设施原则》（PFMI）所要求的高标准，为其安全快速的发展奠定了基础。2018年5月，CIPS二期紧锣密鼓地上线，在功能和特点上进一步实现了改进和完善，例如运行时间由（5×12）小时延长至（5×24+4）小时，在实时全额结算模式的基础上进一步引入定时净额结算机制等。截至2021年底，CIPS累

计处理支付业务334.2万笔，同比增长51.6%；金额79.6万亿元，同比增长75.8%。CIPS在国际标准应用方面也处于前列，如其支付类、对账类报文已全部采用ISO 20022标准。2021年10月，CIPS升级数字证书发放系统，推出"LEI（法人识别码）+数字证书"试点项目，推动实现在CIPS系统参与机构的数字证书中加入LEI编码信息。总的来说，我国跨境金融基础设施建设具备一定程度的后发优势。

然而，我们还需要认识到，我国关键性跨境金融基础设施距离发达国家同类型先进基础设施仍存在较大差距，其中最具代表性的当属CIPS。CIPS与美元清算系统CHIPS在基本职能上十分类似，但与其在使用活跃度、覆盖区域和清算效率等方面存在十分明显的差距。使用活跃度方面，虽然CIPS的参与者数量已经突破1 000家（77家直接参与者和1276家间接参与者，截至2022年12月），但相较于CHIPS服务于绝大部分拥有海外美元业务的金融机构而言，差距悬殊。覆盖区域方面，CIPS清算服务主要集中在离岸人民币市场发展较早、业务较为成熟的地区，参与方大多位于亚洲（赵明晓，2022）[112]，而在除亚洲以外的范围覆盖明显不足。以间接参与者区域数量为例，亚洲外区域间接参与者数量为301家，仅占全部间接参与者的23.6%。清算效率方面，得益于国际领先的净额结算机制以及流动性储蓄机制，CHIPS的清算效率达到1∶17，即1美元在同一时间内可以发挥17美元的清算效率[113]。而CIPS的跨境人民币清算环节路径较长，净额结算机制仍有较大的进步空间，当前的整体清算效率与成本还远不及CHIPS。针对以上三个方面的问题，我们认为在政策层面有三点改进空间。首先，进一步扩大直接参与者和间接参与者数量。进一步将人民币境内代理行和海外清算行作为直接参与者纳入系统,优先通过 CIPS 进行跨境人民币清算。同时,推动 CIPS 和 SWIFT 更深层次的合作,借助后者的网络优势,让全球更多机构借助 SWIFT 作为间接参与者接入 CIPS 系统,逐步提高 CIPS 的全球影响力。另外,在地缘政治冲突不断的背景下,我们可以积极吸纳更多国际机构参与到 CIPS 系统中来。其次,提高 CIPS 系统在亚洲外区域的覆盖范围和服务能力。在亚洲以外的区域中,要重点关注对人民币清算需求较高的美、欧等发达经济体。后续可以提高 CIPS 在这些地区的服务能力,提供工作日全时段人民币清算结算服务,通过适当的激励手段吸引更多金融机构加入 CIPS,并将其作为人民币的清算首选渠道。最后,积极吸纳先进的技术手段,提高 CIPS 清算效率,提高使用便利性,降低使用成本。进一步优化人民币跨境清算环节,提高清算、结算效率。对标国际先进经验,进一步完善净额清算机制,研究引入损失分摊机制及撮合机制(许再越,2022)[114]。同时,针对不同地区人民币跨境业务发展的具体情况,提供差异化的 CIPS 清算服务,丰富跨境人民币业务场景和交易形态。

(三)金融市场主体带动跨境金融基础设施双向供给增多

改革开放以来,我国对外资银行的限制政策逐步放开,全球性银行、国际卡组织等不断进入国内市场,为便于跨境业务的开展,其加强了在我国境内的跨境支付基础设施建设。如美国运通的在华合资子公司获批银行卡清算业务许可证,国际支付机构 PayPal 借助国付宝拿下国内第三方支付牌照等,上述机构拥有丰富的跨境支付服务经验和成熟的跨境支付基础设施建设方案，能够对我国跨境支付基础设施的建设发展带来显著的边际溢出效应。随着我国在国际经济金融市场的影响力与日俱增以及人民币国际的地位不断提升，SWIFT等大型跨境金融基础设施提供商不断深化其在我国市场的跨境服务方案。2019年，SWIFT全资中国法人机构正式在北京成立，且其提供的产品和服务对商务合同可适用中国法律。与此同时，SWIFT和我国跨境清算公司也签署了合作意向书，以不断深化双方在跨境支付领域的合作。SWIFT作为国际主要的跨境金融基础设施，其制度安排和经验能够为CIPS进一步高质量建设带来积极的促进作用。

同时，随着境内企业走出去以及人民币国际化的需要，我国也已经成为全球跨境金融基础设施的重要提供方。特别是清算行，在促进人民币与其他货币交易当中起到非常关键的作用，尤其在推动人民币与近时差地区货币交易的过程中，清算行是金融基础设施建设中的基础环节（徐奇渊，2023）[115]。自2003年香港开展人民币清算服务以来，我国陆续在各个国家和地区设立了清算机构和银行，使全球人民币清算机构能够通过人民币银行清算系统直接进行人民币跨境支付和结算交易，这大大提高了对全球人民币支付和清算的工作效率（李俊峰等，2021）[116]。截至2023年4月，中国人民银行已经在29个国家和地区授权了31家人民币清算行，这些清算行广泛分布在全球主要国际金融中心、周边国家（地区）和"一带一路"沿线国家（地区）。

通过建设支付清算基础设施，我国银联在"一带一路"沿线50多个国家和地区开通银联卡受理业务，累计发行超过2 500万张银联卡。我国国有大型商业银行是境内金融机构走出去并提供金融基础设施建设的代表，例如交通银行与全球125个国际和地区的近千家同业建立了代理银行合作关系，中国银行与全球116个国家和地区的1 100余家机构建立了代理银行关系（宗良&孙雨心，2022）[117]，有效促进了与相关国家金融市场的联动往来。此外，我国在新型跨境金融基础设施领域具有明显的技术和市场优势，支付宝、微信等第三方支付商，已经将其跨境基础设施和跨境服务推广到全球诸多地区。

（四）金融基础设施跨境互联互通安排持续加强

互联互通是我国金融基础设施实现提供跨境服务的重要安排机制。其中，沪港通、深港通、债券通等都是内地和香港地区开展互联互通的重要制度安排。其中，深港通、沪港通创造性地采用交易所前台和登记结算机构后台直联模式，在不改变两地市场差异的情况下，实现跨境联通，为跨境资本双向流动提供过河桥梁。债券通则通过连接内地和香港债券市场基础设施，便利投资者在不改变交易习惯、遵从当地市场法规监管制度的前提下，投资对方的债券市场①。2022年，内地和香港进一步开展利率互换市场的互联互通合作（"互换通"②），这一新的机制不仅有效满足了境外投资者交易境

---

① 债券通包括"北向通"和"南向通"。2017年"北向通"开通，CIPS系统采用券款对付（DvP）模式，支持内地与香港债券结算，实现了中国香港及其他国家和地区的境外投资者经由香港与内地实现交易、托管、结算等互联互通。2021年，"南向通"正式上线，CIPS在此基础上进一步开通港元业务，同时支持人民币、港元资金结算，提供点对点的清算服务（许再越，2022）。
② "互换通"指境内外投资者通过香港与内地基础设施机构连接，参与两个金融衍生品市场的机制安排。

内人民币利率衍生品的需求，还创新性地实现了二者CCP的联通清算。此外，跨境网络支付领域，网联平台在中国人民银行指导下，已就支付宝、微信等条码互联互通进行多次成功试点，在中国香港、中国澳门地区实现了跨境条码支付的互联互通。

沪伦通是我国与其他经济体金融市场基础设施互联互通的成功案例之一。2019年6月，沪伦通在英国伦敦正式启动，为跨境人民币的输出和回流提供了有效通道。托管制度是证券市场运行的基础和核心制度，在该方面，我国采取了境外投资者直接参与的"全球通模式"，即境外投资者可直接在我国境内的CSD开会或通过境内结算行成为他国CSD的参与者（阮立遥&闫彦明，2022）[118]。在该模式下，近年来，中央结算公司和欧清银行、明讯银行等ISCD的直联合作有序推进，有效提升了境外投资者参与我国债券市场。未来我们可以将沪伦通作为样板，探索和更多欧洲离岸人民币中心金融基础设施的互联互通安排，还可以尝试将CIPS等人民币跨境金融基础设施更深入地推广到欧洲地区。

与此同时，我国和其他经济体之间也在积极展开合作，签署合作备忘录，探索研究在金融基础设施方面开展或加强互联互通的可能性。例如，2016年，中国证券登记结算有限责任公司和俄罗斯国家证券存管公司签署了谅解合作备忘录；同年，中英双方在第八次中英财金对话成果报告中明确提出"联合推进金融市场基础设施合作"；2020年，中央结算公司和新加坡交易所在上海—新加坡合作理事会上签署合作备忘录，开启债券市场跨境互联互通、上海自贸区债券业务、债券指数及跨境担保品应用等领域的全方位合作。虽然合作备忘录不具有强制性，但其为双方金融基础设施的跨境合作奠定了友好的基础。在多边领域，我国是央行数字货币基础设施开发建设的积极参与者，如 2021 年 2 月，中国人民银行数字货币研究所、香港金融管理局、泰国中央银行、阿拉伯联合酋长国中央银行联合发起的多边央行数字货币桥研究项目。

总体而言，我国是全球跨境金融基础设施建设和供给的后来者，和美欧等发达经济体提供的跨境金融基础设施相比，还比较薄弱，需要进一步强化。例如，近年来，CIPS 和 SWIFT 之间的替代关系一直是讨论的热点问题之一，虽然在 CIPS 的运行中，SWIFT 是可选项，一定程度减少了对 SWIFT 的依赖，但是当前 CIPS 仍以间接参与者为主，在支付信息流规模和覆盖范围等方面仍有巨大的差距。另一方面，我国主要通过和境外金融市场互联互通的方式，加强金融基础设施的跨境属性和跨境服务水平，但目前互联互通仍主要集中于中国香港金融市场，与其他经济体金融市场基础设施的互联互通常态化机制还相对较少。此外，我国在新型跨境金融基础设施方面具有一定的先发优势，尤其在跨境支付领域，不过仍需要指出的是，在技术浪潮下，全球跨境支付领域正处于激烈的竞争之中，越来越多的国际金融机构正在积极探索新的支付模式，而我国跨境支付基础设施提供商虽然在全球分布很广，但基本呈现相互独立的态势，还未形成合力（沈剑岚，2020）[119]。我国跨境支付基础设施如何占领和保持领先地位，既面临机遇也面临不小的挑战。

（五）我国出入境数字化支付手段

外国人来华目前可以通过两种方式进行数字化支付。第一，下载支付宝或微信支付并绑定其海外银行账户（需要在支付宝或微信的支持范围内),通过二维码扫码、小程序和应用内(IN-App)支付方式完成移动支付。第二,下载注册数字人民币 App,并开立数字人民币钱包。在完成钱包与所支持的境外银行卡关联后,对钱包进行充值,即可实现与境内数字人民币钱包相同的二维码"扫一扫"、NFC"碰一碰"以及应用内线上支付。

中国人出境也可以通过两种方式进行数字化支付。第一,直接使用支付宝或微信支付在其所支持的海外商家进行支付。第二,下载海外本地常见的数字钱包应用,在绑定中国国内银行卡后进行支付。

在实际应用中,目前来看,跨境数字化支付手段无论是第三方支付还是 CBDC 都面临着类似的问题,其中最主要的问题在于注册以及绑定流程。首先,使用出入境数字支付一般来说需要下载当地常用的数字钱包应用(中国人虽然可以使用支付宝和微信在海外进行支付,但支持这一服务的商家集中在海外华人聚集区,数量十分有限),而这一过程需要上传身份信息并进行核验,许多人担心有隐私泄露的风险,且流程可能较为烦琐。其次,数字支付工具需要与银行卡绑定,但支持范围相对有限,申请人持有的境外银行卡可能并不满足条件,大部分人尤其是游客在这种情况下可能会选择提前兑换当地货币并使用现金消费,而非数字支付工具。再者,许多国家仍以现金或银行卡刷卡为主要的消费支付手段,这些国家的人员在出境时也更倾向于换汇并使用现金,而非使用相对陌生且存在一定学习成本的数字化支付手段。

对于中国而言,尽可能地为海外消费者提供数字化支付便利,可能有助于这部分人群在中国的消费。一方面可以尽量简化外国人注册支付宝或微信以及数字人民币应用等电子钱包的流程，另一方面可以扩大这些电子钱包所支持的银行卡范围，尽可能覆盖大多数全球主流的信用卡和借记卡，降低数字化应用的使用门槛。

二、我国发展跨境金融基础设施的必要性

在 2016 年 G20 杭州峰会上，我国发起了全球基础设施互联互通联盟倡议，金融基础设施的跨境互联互通理应也是倡议中的关键组成部分。我国作为倡议发起国，理应积极作为，有效推进金融基础设施的跨境互联互通安排。同时，根据前述内容，全球跨境金融基础设施在经济全球化、地缘政治变化和技术变化推动下，正在发生新的变化。我国作为经济金融大国，积极推动和参与建设跨境金融基础设施是更深程度融入经济金融全球化的必然途径，也是我国参与全球经济金融治理不可或缺的关键抓手。我们应该做的是顺势而为、及时求变，积极推动跨境金融基础设施建设适配新的环境、新的需求和新的趋势，成为全球跨境金融基础设施的有效且关键的供给方，这既具有必然性也具有紧迫性。

（一）增强我国金融安全的需要

近年来，中美贸易摩擦不断，且随着俄乌冲突的爆发，全球地缘政治矛盾激化，呈现出愈演愈烈的趋势。美国乃至部分西方国家不断"借题发挥"行使"长臂管辖"，对我国高科技产业（如芯片

产业）供应链、要素（如数据要素）跨境流动和金融机构跨境业务开展等方面施加了多重约束和制裁。就金融层面而言，这些"长臂管辖"严重威胁了我国的金融安全。

以美国为例，从表面上看，其行使"长臂管辖"必须依据"长臂法规"的授权，但实际上该法规的适用标准在于相对模糊的"国家利益"，而非满足国际的司法需求。美国司法判例对美国证券法"长臂管辖权"态度的变化，是取决于国家或集团利益最大化（李雅君，2022）[120]。这也是"长臂管辖"词性逐渐走向贬义及其工具化、武器化的直接原因。

按照当前国际形势的发展趋势，美国等部分国家和地区可能越发频繁地滥用"长臂管辖"。就跨境金融领域而言，美国在 SWIFT 等跨境金融基础设施上拥有相当大的话语权，在 IMF 等关键国际金融机构中也具有一票否决权。随着大国博弈加剧，地缘政治形势越发复杂，我国跨境金融机构受到制裁的频率可能持续上升，这可能表现为三个方面：第一，与现有国际问题相关的中国金融机构受到制裁的风险加大；第二，服务高科技产业的中国金融机构受到制裁的风险加大；第三，威胁到当前国际金融体系美国或美元主导地位的跨境金融基础设施存在被制裁或被边缘化的风险。

在上述背景下，我国发展跨境金融基础设施存在重要意义，即增强我国金融体系的独立性和抗风险能力，减少外部因素对我国金融体系的负面影响，以维护我国金融安全。具体而言，未来一方面要扩大我国在关键国际金融机构和跨境金融基础设施中的影响力。目前我国已与 SWIFT 合作成立了在华合资公司，旨在满足中国有关跨境报文的连接性、强韧性及数据管理领域的监管要求。下一步要继续加深

第六章 我国跨境金融基础设施建设的现状及发展必要性

与 SWIFT 的合作，争取在该机构拥有更大的影响力。同时要更多地通过 IMF 参与国际金融治理，提高我国在国际金融事务中的话语权，继续提高人民币在 SDR 货币篮子中的权重。另一方面要推广 CIPS 以及数字人民币等新型结算渠道的使用，规避传统金融"长臂管辖"制裁手段。金融领域最常见的制裁是利用 SWIFT 直接或间接地"孤立"被制裁实体，切断其资金收付能力。CIPS 和数字人民币提供了完全自主控制的人民币支付结算体系，扩大其在跨境支付中的使用比例能有效提高我国金融体系的抗风险抗制裁能力。

另外，社会信息化程度的提升在底层通信层面对金融安全也带来了一定程度的挑战，这可能主要体现在美国对海底光缆信息的控制上。当前，超过 99% 的国际网络信息都是通过海底电缆传播的，其中，欧洲－美国、亚洲－美国、拉美－美国是国际带宽最大的三个方向，中东、非洲经欧洲转接美国。虽然近年来非美跨境海底电缆的投资增长较快，各区域国际带宽方向多元化程度有所提升，美国的核心地位有所减弱，但美国仍是世界流量中心[121]，世界上大多数在地球上传输数据和信息的光纤电缆都要经过美国。

根据克鲁格曼（2023）对 Henry Farrell 与 Abraham Newman（2023）新作[122]的书评所述，美国基于 1884 年《保护海底电报电缆国际公约》《联合国海洋法公约》①等国际公约，管理着一定范围内②的国际海底通信电缆（即海底光缆）。在美国管理的范围内，华

---

① 《联合国海洋法公约》赋予所有国家在"公海"和大陆架、沿海国专属经济区内铺设和操作海底电缆的自由，但沿海国有权"采取合理措施勘探大陆架、开发其自然资源以及防止、减少和控制管道污染"。因此，进入美国领海并在美国、其领土和属地登陆的商业海底电信电缆段受美国政府的监督和管理。
② 较多国家管理的范围为从该国海岸的基线向外延伸 12 海里。

盛顿当局有能力并且确实在监控它们的流量。华盛顿当局有能力并实际上确实记录通过光缆传输的每个数据包,并让国家安全局看到这些数据。因此,美国可以轻而易举地监视几乎所有企业和其他国家的一举一动。它可以确定竞争对手何时威胁到自己的利益,并发布有意义的制裁作为回应[123],这种监控可能严重侵害其他国家的信息安全,尤其是金融系统的信息安全。

(二)满足我国自身经济金融发展的需要

我国已经是全球第二大经济体、全球第二大债券市场、全球最主要的外国直接投资目的地之一,无论是引进来还是走出去,相关跨境经济活动都离不开跨境金融基础设施的支持。2022年我国跨境人民币收付总额是42万亿元,相比2017年增长了3.4倍。尤其是和"一带一路"建设以及RCEP的区域经贸往来越发密切,2022年我国与"一带一路"沿线国家货物贸易额达13.8万亿元,同比增长19.4%。同期,我国与RCEP成员国货物贸易总额达到19 466.3亿美元,同比增长4.4%,占我国外贸总额的30.8%。其中,"一带一路"沿线地区存在诸多经济和金融市场发展相对欠缺的国家,跨境金融基础设施配套不完善,需要依赖外部供给。为了提高和沿线国家和地区跨境贸易结算的效率、降低中间成本,我国应该主动增加在相应地区跨境金融基础设施的供给。同样,RCEP作为新的区域发展协定,正如第五章内容所述,正在形成新的区域性供应链,我国超大市场规模和经济实力,必将继续在这一区域供应链中发挥更大作用,这也需要跨境金融基础设施的支持。尤其是外汇交易基础设施。目前上海外汇交易中心在全球的外汇交易份额较低,截至 2022 年 4 月，这一数据仅为 1.6%，远低于伦敦（38.1%）、纽约（19.4%）等国际外汇交易中心，需要进一步扩容提效。此外，我国跨境电商进出口在 2022 年已经达到 2.11 万亿元，占我国外贸比重上升至 5%，已经成为我国发展速度最快、潜力最大、带动作用最强的外贸业态。然而在跨境支付结算方面，中小跨境电商通常采用银行汇款、托收和信用证等安全性较高的方式，中间环节和结算周期都较长，给他们带来明显的资金周转压力。中小型外贸企业对高效、安全、合规的跨境支付平台需求尤其迫切。一方面可以充分利用释放的制度红利，加大域内人民币基础设施的供给；另一方面应积极和域内相对有影响力的跨境支付系统，如新加坡快速安全转账系统（FAST），实现跨境支付基础设施的互联互通安排，更进一步推动形成区域跨境支付联盟，提高 RCEP 域内跨境支付在全球跨境支付中的份额。此外，RCEP 的快速发展离不开充足的市场融资支持，而目前域内融资仍主要依靠银行这类传统金融机构，债券等直接融资占比较低，市场融资处于严重的供小于求的状态。可以充分利用我国第二大债券市场的规模优势，积极协助域内国家加快债券基础设施建设，并探索与域内国家实现 CSD 互联互通，积极搭建资金流和信息流的桥梁。

其次，扩大跨境金融基础设施的建设和供给是我国金融进一步高水平对外开放的重要体现。我国金融对外开放策略采取的是试点型开放，目前资本账户还是未完全开放的状态。近年来，我国金融开放的步伐正在加快。并积极推动上海浦东、海南、珠海横琴等地大力发展境内离岸金融市场，其着力点就是基于跨境金融基础设施的常态化和制度化建设。通过和中国香港、伦敦、新加坡等主要离岸金融市场基础设施的互联互通安排,稳步释放金融制度开放红利。

再者,金融基础设施是推动人民币国际化的关键抓手。工欲善其事,必先利其器。同样,跨境金融基础设施也是推动人民币国际化必不可少的工具。纵观美元国际化的过程,是通过其庞大的、错综复杂的美元跨境金融基础设施网络实施的。同时,美元肩负向全球提供流动性的职责,这也需要跨境金融基础设施得以实现。相应地,人民币的进一步国际化需要扩大我国自身跨境金融基础设施业务处理范围,并提高人民币国际影响力。其重点在于要向有需要的境外市场尤其是"一带一路"国家金融市场提供更多的人民币流动性,推动相关业务往来通过 CIPS 来结算。"一带一路"沿线国家在近 10 年来获得了大量人民币流动性并保持着人民币融资的旺盛需求,而沿线多数国家由于金融市场发展滞后,当地银行只能提供简单的人民币存款与贸易结算兑换服务,功能单一。为促进沿线地区人民币跨境贸易结算规模快速增长,应进一步加大境外人民币金融基础设施的供给,为开展境外人民币信贷、债券等投融资活动提供更加全方位的支持。同时,可以积极协助沿线国家的金融机构接入 CIPS,通过搭建代理银行服务模式,帮助后者逐步搭建涵盖货币兑换、汇率避险、贸易融资、现金管理等人民币计价综合金融服务体系。

(三)掌握金融基础设施自主权的需要

跨境金融基础设施虽然致力于打通时间和空间的障碍完成跨境交易,但是每个国家经济发展所处阶段、金融市场承压能力等各不相同，对我国庞大的市场规模而言，更需要适配的跨境金融基础设施。尤其是在逆全球化思潮不断抬头以及地缘政治冲突不断的背景下，对跨境金融基础设施有一定的主动权和独立性能够有效维护国家经济金融稳定和安全，降低由于跨境金融基础设施被工具化、武器化时对我国造成的负面冲击。目前，我国跨境投资结算高度依赖美国的DTCC、欧洲的Euroclear和Clearstream等国际中央证券托管机构（ICSD）的跨境金融基础设施，一旦冲突发生，ICSD则很有可能成为其他国家实施金融制裁的工具（李俊峰等，2021）。

与此同时，我国金融结算清算体系和交易设施的独立性还面临很大的挑战。虽然有了自己的人民币跨境系统CIPS，但是间接参与者仍需经过SWIFT方可接入并实现人民币的跨境支付清算（巴曙松等，2022）[124]。更为严重的是，报文转换通道一旦被SWIFT切断，不仅会影响我国进行美元跨境清算，对人民币、日元、欧元等货币的清算结算业务也会受到明显影响（赵明晓，2022）。这将会对我国对外经贸往来造成严重冲击。同时，以往的经验表明，金融危机的发生往往伴随着跨境资本的无序快速流动。当前，我国已经成为国际资本流动的重要集聚地，让更多高质量的国际资本进得来，并安全稳妥地出得去，就需要高效且安全的跨境金融基础设施做保障。

此外，在区块链等技术驱动下，全球央行CBDC研发正在如火如荼的进行中。基于CBDC的新型跨境金融基础设施未来可能对现有的跨境金融基础设施形成明显的替代，也是新兴和发展中经济体提升跨境金融基础设施自主权的重要技术渠道。我国是CBDC的积极推动者，在支持CBDC跨境方面也已加入多边央行数字货币桥（mBridge）项目。我国在 CBDC 技术方面的比较优势有希望成为相应基础设施的出口输出国，为其他希望部署 CBDC 的国家提供支持。这有利于增强我国作为关键基础设施提供商的地位。然而，需要理性指出的是，CBDC 跨境使用还面临很多的制度性障碍，我国需要加强和其他致力于实现 CBDC 跨境使用国家的制度协调和沟通。

（四）深度参与全球金融治理的需要

跨境金融基础设施作为全球金融市场的管道，其重要性不言而喻，2008 年全球金融危机尤其凸显了其对全球金融稳定的重要性。当前，全球重要的跨境金融基础设施仍由西方发达经济体主导，更多反映其经济金融治理的意志。近年来，新兴和发展中经济体在全球经济金融市场的份额不断上升，有必要进一步提升这些国家在跨境金融基础设施方面的地位，以促进更加公平、合理的全球金融治理体系。然而，跨境金融基础设施建设具有周期长、沉没成本高、路径依赖等特征，因此提高后者在该领域的地位必然是一个渐进且长期的过程。我国作为全球最大的发展中经济体，理应在此过程中发挥积极的带头作用，通过积极参与全球跨境金融基础设施标准/规则的研究与制定，提供更多具有全球影响力的跨境金融基础设施，推动全球金融治理的渐进改革。未来，一方面，我们要积极推动国内交易、结算、清算等金融基础设施和国际通行标准的对接。目前，2012 年，IOSCO 和 CPSS 联合发布的《金融市场基础设施原则》（PFMI）是国际公认的金融基础设施指导原则，我国部分金融基础设施建设之初就参考了该原则，后续应进一步加强与此类高标准规则的高水平对接。可以参考欧美等发达经济体将PFMI纳入法律体系，赋予其强制执行性，提高规则实施的有效性。同时还可以在金融基础设施领域出台专门法律替代当前较为普遍的规范性文件，提高高水平标准/规则在我国的法律位阶以及相应的制度效力。另一方面，在新型跨境金融基础设施领域，我国应借助先发优势，推动相关领域标准的制定。尤其是央行数字货币领域，我们已经和部分经济体实现联合推进，具有技术优势，在此基础上，应在形成国际标准或公约方面更加积极主动。目前货币桥项目已成功验证了高效、低成本、实时和可扩展的跨境CBDC安排存在的可能性。未来可以在该试验的基础上，进一步加大与国外央行的合作，推动数字人民币与其他CBDC在技术标准化上进行协作，技术标准化最终会促进包括数字人民币在内的CBDC在跨境支付中的应用，降低全球跨境支付成本，并促进人民币更多地用于国际结算，增强我国的国际金融地位。在技术标准化协作的同时，大力开展CBDC跨境支付试点，继续扩大CBDC"过桥"试点规模，推动金融机构通过货币桥进行点对点外汇交易，实现"桥上货币兑换"。尽早将试验成果试点应用于实际跨境支付业务。另外，还可以推动数字人民币智能合约应用，立足境内迈向境外。重点在跨境支付交易和跨境贸易领域使用数字人民币智能合约，帮助个人和企业在跨境消费和对外贸易中降低交易成本和信用风险。

此外，全球金融监管协调一直以来就是全球金融治理的重要组成部分。目前国际层面对跨境金融基础设施的监管在加紧，尤其是对具有系统重要性的跨境金融基础设施，一方面预防跨境资本流动等大进大出对全球金融体系的冲击，另一方面基于反洗钱、反恐怖融资、反腐败等角度，避免跨境金融基础设施成为犯罪分子的利用通道。尤其是基于区块链等新技术的跨境金融基础设施正处于快速增长期，例如私人数字货币金融基础设施，可能成为犯罪行为滋生的新生土壤。基于央行数字货币的新型金融基础设施也在紧密安排试验中，尽管国际上总体对CBDC的发展是持支持态度的，各国的CBDC类型、用途、底层技术逻辑等仍存在差距，各国的监管态度也不尽一致。这对现行的监管体系不仅带来技术上监管的挑战，同时监管协调相比较传统类型的金融基础设施更为复杂。就我国而言，已经禁止了私人数字货币在我国的发行应用，但是央行CBDC的积极推动者。通过积极参与CBDC基础设施的制度协调和监管，不仅是推广我国CBDC发展的应有之义，同时也是持续深度参与全球金融治理的必由之路。

写在最后

当前，跨境金融基础设施的重要性已经不言而喻。展望未来，跨境金融基础设施的持续发展还是受到多方面因素的影响，尤其是以下四个方面。

首先是信息技术与人工智能的迅速发展。信息技术的进步已经使跨境交易摆脱了对传统的实体交易凭证的束缚，并同时近乎无限扩大了传统金融交易的可执行范围。无论是跨境股票、债券、期货、期权还是某些衍生品合约，用户都可以在线上通过数字化电子交易系统完成交易，而无须实际到任何银行或经纪商公司。未来信息技术将进一步赋能跨境金融基础设施，跨境支付转账、金融交易等业务的电子化程度进一步提升，支付清算结算所需时间将继续缩短，跨境金融市场也将因此受益。随着人工智能应用进入爆发阶段，部分金融业务模式已经在人工智能技术的加持下完全改变升级，尤其是直接面向客户的前台应用如身份验证、精准营销和智能客服等。下一步人工智能在跨境金融领域如跨境投资、跨境反洗钱等方面将大概率有所突破，并在未来深入跨境金融业务的方方面面，重塑跨境金融业务模式，跨境金融基础设施的信息化、智能化程度也将显著提升。从更广泛的角度讲，信息技术和人工智能技术已经成为全球政府关注的焦点，更是大国之间博弈争夺的战略制高点，而跨境金融基础设施的迭代升级更是离不开技术的支持，因此需要密切关注技术和跨境金融基础设施的融合发展。

其次是经济全球化的"退潮"。经济全球化是跨境金融基础设施得以存在和持续发展的基础。在20世纪90年代中期至21世纪初期，经济全球化程度迅速提升，全球分工体系随着中国加入世界贸易组织（WTO）愈加完善，全球跨境贸易飞速发展。受到庞大需求的驱动，各国和各地区政府之间加强协作，为跨境货物与服务贸易以及相关金融交易提供便利，跨境金融基础设施成为协作的重要载体，其互联互通程度显著上升。然而，目前世界经济正在经历全球化"退潮"，经济全球化可能面临较长时间的停滞甚至倒退，驱动跨境金融基础设施持续发展的动力或将有所削弱。

再次是地缘政治形势的恶化。众所周知，稳定的地缘政治是全球经济运行的重要保障，而中美关系是全球地缘政治中最重要的组成部分之一。2023年11月，习近平总书记与拜登总统在旧金山进行了富有成果的会晤，中美关系的紧张局面得到了明显的缓和。然而，需要注意的是，这种缓和可能仅仅是阶段性的，美国依然把中国定义为"战略竞争对手"，并在高科技等关键领域对我国持续进行打压，且这种打压和围堵在未来将大概率持续进行。地缘政治风险整体中枢相较前几年已经明显提升。近年来，世界各地战争冲突频发，从俄乌冲突到巴以冲突再到朝韩问题以及胡塞武装问题，全球政治经济环境长期处于非稳定态，已经且将持续割裂全球经济，且其中或多或少已经直接涉及跨境金融基础设施问题。如果全球地缘政治环境持续恶化动荡，尤其是大国之间一旦发生直接冲突，将加剧全球跨境金融基础设施的割裂和碎片化程度。

最后是全球产业链的"碎片化"。受到前述经济全球化"退潮"和地缘政治持续恶化的影响，以美国为首的西方国家开始将"安全优先"原则置于"效率优先"原则之上，把产业链供应链转移到国内或者友岸、近岸国家，尤其是在对中国问题上，美国更是以"供应链安全"为由，开始在能源、网络技术、半导体、关键电子、电信基础设施、药物等关键领域实施所谓的"去风险"战略。这种带有孤立主义的措施使得原有的相对高效的全球产业链已经发生断裂并在重组中。相应地，跨境金融基础设施布局也会随之发生新的调整和转移。在这一过程中，不仅会存在巨大的调整转移成本，严重的话，也会加剧跨境金融基础设施的分散化，从互联互通倒退回局部联通状态甚至孤岛模式。

总体来看，上述因素偏向负面，且彼此之间相互影响，地缘政治形势恶化会加速全球产业链"脱钩断链"，同时也会造成经济全球化进一步退坡。而全球产业链一体化程度下降又会导致经济全球化倒退，各国和地区之间的经济联系下降，地缘政治的不稳定程度将进一步加深。由此可见，跨境金融基础设施发展所需的经济基础、政治基础都在朝着不利的方向发展，技术进步及其在跨境金融基础设施方面的应用虽然目前来看是积极因素偏多，但是其中涉及的制度因素、监管因素乃至潜在的伦理因素也不容忽视。

对我国而言，正如已经在第六章内容中讲到的，进一步发展跨境金融基础设施具有深刻的必要性。虽然在上面四重因素交织下，发展跨境金融基础设施面临严峻的挑战，但是同时也蕴含着机遇和机会。其中，在机遇方面，近年来中国在全球经济政治方面的影响力不断扩大，且在各种危机冲击下，全球诸多国家对人民币的支持和信心也有所增强，这为我国发展跨境金融基础设施提供了利好条件，但是我们也要正视风险。客观来看，目前我国的跨境金融基础设施与国际金融强国还存在一定差距，尤其是国际话语权和影响力十分薄弱，与我国世界经济大国的地位不匹配，难以通过跨境金融基础设施表达我国在金融权益方面的合理合法诉求。因此，下一步我们要着重完善跨境金融基础设施的建设，在推动跨境金融基础设施发展的时候要更加注重策略，即要"迎难而上、主动出击"，实现这一点的核心基础是要持续扩大金融开放。具体措施上，则要积极扩大与其他国家在对应细分领域上跨境金融基础设施的双边联系，并在此基础上整合区域资源，建立和扩大多边联系机制，以此争取更多主动权。

在本书截稿之时，恰逢习近平主席于2024年1月在省部级主要领导干部推动金融高质量发展专题研讨班开班式上发表了重要讲话，他强调要以制度型开放为重点推进金融高水平对外开放，落实准入前国民待遇加负面清单管理制度，对标国际高标准经贸协议中金融领域相关规则，同时还要加强境内外金融市场互联互通，提升跨境投融资便利化水平。这不仅为我国金融高质量发展奠定了基调，同时，其中"加强境内外金融市场互联互通"的表述，本身就蕴含着要拥有强大的跨境金融基础设施的内在要求。为此，也借本书希望更多业内人士对此展开更多讨论和研究，以实现"自主可控安全高效的金融基础设施体系"为目标，为实现金融强国的宏大抱负提供支撑。

参考文献

（按文中出现顺序排列）

[1] Financial Infrastructure [R]. World Bank Documents, 2009.

[2] Felbermayr G, Kirilakha A, Syropoulos C, et al. The global sanctions data base [J]. European Economic Review, 2020, 129: 103561.

[3] Malcolm Campbell-Verduyn, Marcel Goguen & Tony Porter (2019) Finding fault lines in long chains of financial information, Review of International Political Economy, 26: 5, 911-937, DOI: 10.1080/09692290.2019.1616595.

[4] 杨涛, 李鑫. 互联网时代银行卡清算模式的发展与演进 [J]. 金融监管研究, 2015 (11): 92-103.DOI: 10.13490/j.cnki.frr.2015.11.007.

[5] Carola Westermeier (2020) Money is data–the platformization of financial transactions, Information, Communication & Society, 23: 14, 2047-2063, DOI: 10.1080/1369118X.2020.1770833.

[6] Bernards N, Campbell-Verduyn M. Understanding technological change in global finance through infrastructures: Introduction to review of international political economy special issue 'the changing technological infrastructures of global finance'[J]. Review of international political economy, 2019, 26(5): 773-789.

[7] Barbara Brandl & Lilith Dieterich (2021): The exclusive nature of global payments infrastructures: the significance of major banks and the role of tech-driven companies, Review of International Political Economy, DOI:

10.1080/09692290.2021.2016470.

［8］ 贺力平，赵鹞.跨境支付发展历程及其启示，2021（1）. https：//mp.weixin.qq.com/s/_BE2rzMRIKg2YIjQecKLtQ.

［9］ Casu B，Wandhöfer R. The future of correspondent banking cross border payments［J］. 2018.

［10］ Board F S. G20 Roadmap for Enhancing Cross-Border Payments：First Consolidated Progress Report. 13.10. 2021［J］. URL：https：//www. fsb.org/2021/10/g20-roadmap-for-enhancing-cross-border-payments-first-consolidated-progressreport/（дата обращения：15.02.2021），2021.

［11］ Stearns, D. L.（2011）. Electronic value exchange：Origins of the VISA electronic payment system（2011 ed.）. Springer.

［12］ Westermeier C. Money is data-the platformization of financial transactions［J］. Information，Communication & Society，2020，23（14）：2047-2063.

［13］ Caldara D，Iacoviello M. Measuring geopolitical risk［J］. American Economic Review，2022，112（4）：1194-1225.

［14］ Johannes Petry（2021）From National Marketplaces to Global Providers of Financial Infrastructures：Exchanges，Infrastructures and Structural Power in Global Finance，NewPolitical Economy，26：4，574-597，DOI：10.1080/13563467.2020.1782368.

［15］ The World Bank. GUIDELINES FOR THE SUCCESSFUL REGIONAL INTEGRATION OF FINANCIAL INFRASTRUCTURES，2014.1.

［16］ Ahn B W. Regional：Promoting Cross-Border Financial Transactions in the ASEAN+ 3 Region：Support to the Cross-Border Settlement Infrastructure Forum under the Asian Bond Markets Initiative Medium-Term Road Map,

2019–2022 [J]. 2020.

[17] Unterman A. Regulating Global FMIs: Achieving Stability and Efficiency across Borders [M] //Analyzing the Economics of Financial Market Infrastructures. IGI Global, 2016: 41–70.

[18] Lorenzo Genito (2019) Mandatory clearing: the infrastructural authority of central counterparty clearing houses in the OTC derivatives market, Review of International Political Economy, 26: 5, 938–962, DOI: 10.1080/09692290.2019.1616596.

[19] Feenan S, Heller D, Lipton A, et al. Decentralized financial market infrastructures: Evolution from intermediated structures to decentralized structures for financial agreements [J]. The Journal of FinTech, 2021, 1(2): 2150002.

[20] FSB. FSB Action Plan to Assess and Address the Decline in Correspondent Banking. 2019.5.

[21] Zetzsche D A, Anker-Sørensen L, Passador M L, et al. DLT-based enhancement of cross-border payment efficiency—a legal and regulatory perspective [J]. Law and Financial Markets Review, 2022: 1–46.

[22] Duffie, Darrell, and Elizabeth Economy, eds. Digital currencies: the US, China, and the world at a crossroads. Hoover Institution Press, Stanford University, 2022.

[23] Committee on Payment and Settlement Systems. Principles for Financial Market Infrastructures: Disclosure Framework and Assessment Methodology [M]. Bank for International Settlements, 2012.

[24] Hickman E, Ferran E. Evolution in Financial Market Infrastructure

Governance [J]. Available at SSRN 4011746, 2022.

[25] Florian Seeh. New players will challenge incumbents to collaborate and develop faster, more innovative, and transparent cross-border payment solutions, 2021, 2.23. https://go.ey.com/3t79BZ1.

[26] 余波, 蒋静. 国际外汇市场的清算、结算与支付设施 [J]. 中国货币市场, 2022 (5): 21-26.

[27] Swift FIN Traffic & Figures. https://www.swift.com/about-us/discover-swift/fin-traffic-figures.

[28] The Swift Board of Directors. https://www.swift.com/zh-hans/node/51591.

[29] CPSS. Clearing And Settlement Arrangements For Retail Payments In Selected Countries [R]. 2000, 9. https://www.bis.org/cpmi/publ/d40.pdf.

[30] 2023年全球支付报告 [R]. FIS WorldPay.

[31] 央行: 我国移动支付普及率达到86%居全球第一 [N]. 每日经济新闻, 2023-09-28.

[32] 石红英. 跨境电商支付平台结算问题 [J]. 中国金融, 2018 (19): 102.

[33] Zennon Kapron. Why Southeast Asia Will Never Have An Alipay Or Tenpay [J]. Forbes, Sep 12, 2023.

[34] Marc Glowka, Anneke Kosse and Robert Szemere. Digital payments make gains but cash remains [R]. CPMI Briefs No 1, 31 January 2023.

[35] PayNow and Thailand's PromptPay complete the world's first faster payment systems linkage [N]. https://www.abs.org.sg/docs/library/paynow-and-thailand-s-promptpay-complete-the-world-s-first-faster-payment-systems-linkage.pdf.

[36] Anis Chowdhury, Jomo Kwame Sundaram. SWIFT dollar decline. JOMO on

April 13, 2022. https：//mronline.org/2022/06/15/swift-dollar-decline/.

［37］ BIS. Payment systems in the United States. CPSS Red Book 2003. https：//www.bis.org/cpmi/paysys/unitedstatescomp.pdf.

［38］ U.S. Department of the Treasury. Feasibility of a Cross-Border Electronic Funds Transfer Reporting System under the Bank Secrecy Act. Appendix D - Fundamentals of the Funds Transfer Process. https：//www.fincen.gov/sites/default/files/shared/Appendix_D.pdf.

［39］ Martin, A. and McAndrews, J. "An Economic Analysis of Liquidity-Savings Mechanisms," Economic Policy Review, Federal Reserve Bank of New York, September 2008, pp. 25-39.

［40］ James McAndrews, Dean Vartin. The Use of Liquidity in CHIPS［R］. April 2022. https：//www.theclearinghouse.org/-/media/new/tch/documents/payment-systems/chips_liquidity_algorithm_april_2022.pdf.

［41］ EBA. A unique RTGS-equivalent large-value payment system. https：//www.ebaclearing.eu/services/euro1/overview/.

［42］ EBA. Key features Immediate finality of processed payments. https：//www.ebaclearing.eu/services/euro1/key-features/.

［43］ 张亚楠. Z银行黑龙江省分行跨境人民币业务发展策略研究［D］. 哈尔滨：哈尔滨工业大学, 2015.

［44］ 罗刚. 人民币跨境清算模式及银行对策研究［J］. 时代金融, 2020（3）：82-86+93.

［45］ 跨境银行间支付清算系统（CIPS）https：//www.cips.com.cn/.

［46］ Overview of Swift global payments innovation（gpi）. https：//www.swift.com/de/node/35296.

[47] Swift unlocks potential of tokenisation with successful blockchain experiments. https://www.swift.com/news-events/press-releases/swift-unlocks-potential-tokenisation-successful-blockchain-experiments.

[48] 一文读懂 RCPMIS![R].孙海波–金融监管.https://weibo.com/ttarticle/p/show?id=2309404803184408528038&wd=&eqid=b23c6d65000008b6000000066486ea84.

[49] 香港金融基建概况.香港金管局.https://www.hkma.gov.hk/gb_chi/key-functions/international-financial-centre/financial-market-infrastructure/overview-of-financial-infrastructure-in-hong-kong/.

[50] MAS Electronic Payment System(MEPS+).https://www.mas.gov.sg/regulation/payments/meps.

[51] Ripple.Why Real-Time Cross-Border Payments Are Poised To Breakthrough. https://ripple.com/insights/why-real-time-cross-border-payments-are-poised-to-breakthrough/.

[52] RippleNet: A beginner's guide to the decentralized network of banks. https://cointelegraph.com/altcoins-for-beginners/ripplenet-a-beginners-guide-to-the-decentralized-network-of-banks.

[53] Sanjay Mandavia. Cross Border Payments – Swift VS Ripplenet Xcurrent. https://buyerscredit.in/2019/04/02/cross-border-payments-swift-vs-ripplenet-xcurrent/.

[54] CLS官网 https://www.cls-group.com/products/settlement/clssettlement/membership/.

[55] Bech M L, Holden H. FX settlement risk remains significant[J]. 2019. https://www.bis.org/publ/qtrpdf/r_qt1912x.htm.

[56] What is TARGET2-Securities(T2S).https://www.ecb.europa.eu/paym/

target/t2s/html/index.en.html.

［57］中国证券登记结算有限责任公司北京分公司合格境外机构投资者和人民币合格境外机构投资者境内证券投资登记结算业务指南.（中国结算京业〔2021〕3号）.

［58］债券通机制解析与建议.海南省绿色金融研究院 https：//m.thepaper.cn/newsDetail_forward_12305770.

［59］中国债券信息网 https：//www.chinabond.com.cn/.

［60］Leaders' Statement：The Pittsburgh Summit. https：//ec.europa.eu/archives/commission_2010-2014/president/pdf/statement_20090826_en_2.pdf.

［61］IMF. Applying the Central Clearing Mandate：Different Options for Different Markets. WP/22/14，January 2022.

［62］European Commission.Financial stability：new Commission rules on central clearing for interest rate derivatives.August 2015.

［63］BIS. Clearing risks in OTC derivatives markets：the CCP-bank nexus. December 2018.

［64］许臻.建立场外利率衍生品清算机制［N］.国际金融报，2012，7. http：//www.jjckb.cn/opinion/2012-07/20/content_388946.htm.

［65］王晋斌.未来全球支付体系变革的方向.2022. https：//mp.weixin.qq.com/s/jfuFWXQ7zLKjT89rOMqjZQ.

［66］Thomas Nilsson, Regis Bouther, Michiel Van Acoleyen, Lior Cohen. SWIFT gpi data indicate drivers of fast cross-border payments .February 2022. https：//www.bis.org/cpmi/publ/swift_gpi.pdf.

［67］Rice T, von Peter G, Boar C. On the global retreat of correspondent banks［J］. BIS Quarterly Review，March, 2020.

[68] Adrian T, Mancini-Griffoli T. Central bank digital currencies: 4 questions and answers [J]. IMF blog, 2019, 12.

[69] 周小川. 私营部门可以参与金融基础设施建设, 但需具备公共精神. 2019, 7. https：//mp.weixin.qq.com/s/MCeFYD5J3aDJ15BfM_JULw.

[70] 余波, 蒋静. 国际外汇市场的清算, 结算与支付设施 [J]. 中国货币市场, 2022 (5): 21-26.

[71] FXC Intelligence. The 2022 Cross-Border Payments 100 [R]. 2023, 4. https：//www.fxcintel.com/research/reports/the-top-100-cross-border-payment-companies.

[72] GSMA. State of the Industry Report on Mobile Money 2022 [R]. 2022. https：//www.gsma.com/sotir/wp-content/uploads/2022/03/GSMA_State_of_the_Industry_2022_English.pdf.

[73] Maurer B. Payment: Forms and functions of value transfer in contemporary society [J]. The Cambridge Journal of Anthropology, 2012, 30 (2): 15-35.

[74] J.P.Morgan. UNLOCKING $129 BILLION VALUE IN CROSS-BORDER PAYMENTS. https：//www.oliverwyman.com/content/dam/oliver-wyman/v2/publications/2021/nov/unlocking-120-billion-value-in-cross-border-payments.pdf.

[75] Board Of Governors Of The Federal Reserve System. Money And Payments: The U.S. Dollar in the Age of Digital Transformation [R]. 2022, 1.https：//www.federalreserve.gov/publications/files/money-and-payments-20220120.pdf.

[76] Gallaher, Harper, Kotschwar.Let's talk about how we talk about

interoperability.2021, 5.https : //theblockchaintest.com/uploads/resources/ Visa%20Economic%20Empowerment%20Institute%20-%20Let_s%20talk%20 about%20how%20we%20talk%20about%20interoperability%20-%202021%20 May.pdf.

[77] Eisenbach T M, Kovner A, Lee M J. Cyber risk and the US financial system : A pre-mortem analysis [J]. Journal of Financial Economics, 2021.

[78] Quah D. The global economy's shifting centre of gravity [J]. Global Policy, 2011, 2 (1): 3-9.

[79] Aiyar S, Ilyina A. Charting Globalization's Turn to Slowbalization After Global Financial Crisis : Trade Openness Increased after the Second World War, But Has Slowed following the Global Financial Crisis [J]. IMF Blog. February, 2023, 8.

[80] WTO. Global Trade Outlook and Statistics [R]. 2023, 5. https : //www. wto.org/english/res_e/booksp_e/trade_outlook23_e.pdf.

[81] Kose M A, Ohnsorge F. Falling Long-Term Growth Prospects [J]. 2023.

[82] IMF. World Economic Outlook [R]. https : //www.imf.org/en/Publications/ WEO/Issues/2023/04/11/world-economic-outlook-april-2023.

[83] World Trade Report 2019. World Trade Organization 2019. https : //www. wto.org/english/res_e/publications_e/wtr19_e.htm.

[84] 王栋, 李安迪. 论百年变局下全球化与区域化的新发展趋势 [J]. 当代世界与社会主义, 2022 (4): 21-29.DOI : 10.16502/j.cnki.11-3404/d.2022.04.003.

[85] Petri P A, Plummer M G. East Asia decouples from the United States : Trade war, COVID-19, and East Asia's new trade blocs [R]. 2020.

[86] 袁波，潘怡辰，王清晨. RCEP 生效一周年：贸易投资进展、原因与启示［J/OL］. 国际经济合作：1-17［2023-06-06］. http∶//kns.cnki.net/kcms/detail/11.1583.F.20230601.0916.002.html.

[87] de Goede M, Westermeier C. Infrastructural geopolitics［J］. International Studies Quarterly, 2022, 66（3）: sqac033.

[88] 伊朗和俄罗斯两国银行支付及结算业务已联通［N］. 央视新闻. 2023, 1. https∶//news.cctv.com/2023/01/30/ARTIuoao69cy74Cky3nydDcO230130.shtml.

[89] 维·尤·米申娜. 去美元化和本币结算：亚洲和拉丁美洲的经验［J］.（俄）《经济问题》杂志, 2020（9）, 61-79. https∶//mp.weixin.qq.com/s/vS1ua6vjUU6il95-TBOrbw.

[90] 欧亚经济联盟本币结算规模不断扩大. https∶//mp.weixin.qq.com/s/l00rF3m9etXKeK9wNRM_Kw.

[91] 俄罗斯财长希鲁阿诺夫. 七成俄中贸易已转为本币结算. https∶//mp.weixin.qq.com/s/-QWDR-aliMmUAfqGXbSAcQ.

[92] 张礼卿. 理性看待当前的"去美元化"现象. https∶//mp.weixin.qq.com/s/nGQe-jbDr8mGzWnKz-XvsA.

[93] 李大鹏. 金砖国家货币合作之路：现状、前景和建议［J］.《中国货币市场》, 2017.11（193）.

[94] 刘红玉. 区块链技术在跨境支付领域的应用研究［J］. 金融电子化, 2021（5）: 81-82.

[95] BIS. Nexus: enabling instant cross-border payments［R］. 2023, 3. https∶//www.bis.org/publ/othp62.pdf.

[96] CPMI 官网 https∶//www.bis.org/cpmi/paysysinfo/corr_bank_data.htm.

［97］ Correspondent banking—final report. CPMI Papers No 147，13 July，2016.

［98］ 刘旭，尚昕昕．稳定币跨境交易发展与国际监管经验研究［J］．南方金融，2022（2）：79-87.

［99］ 何东．数字货币与国际支付体系的演进．https：//mp.weixin.qq.com/s/Y8RpKuAM_-elQmUW60siYw.

［100］ 黄国平．数字货币跨境支付：竞争与替代［J］．银行家，2022（4）：11-13.

［101］ Secretariat C. Options for access to and interoperability of CBDCs for cross-border payments［J］. 2022.

［102］ Enabling Cross-Border High Value Transfer Using Distributed Ledger Technologies. https：//www.mas.gov.sg/-/media/Jasper-Ubin-Design-Paper.pdf.

［103］ 邹传伟．数字人民币跨境支付和多边央行数字货币桥［R］. 2023. https：//mp.weixin.qq.com/s/ZxoZ9n2F30rz2jrrLcq8dw.

［104］ SWIFT探索央行数字货币：CBDC如何用于国际支付？［R］. 2021. https：//mp.weixin.qq.com/s/OAquoY72Y4UcMCTZfIIB1w.

［105］ 王青，钱昕舟．基于央行数字货币的全球跨境支付体系优化探索［J］．新金融，2023（3）：35-42.

［106］ Bowman M W. Considerations for a Central Bank Digital Currency：a speech at the Georgetown University McDonough School of Business Psaros Center for Financial Markets and Policy, Washington, DC. April 18, 2023［R］. Board of Governors of the Federal Reserve System(US), 2023.

［107］ 许偲炜．主权数字货币跨境流通的制度建构［J］．西南民族大学学报（人文社会科学版），2021，42（11）：93-100.

[108] 钟红,于梦扬.央行数字货币对全球跨境支付体系的影响[J].新金融,2023(10).

[109] 乔依德.CBDC、Libra、IMFcoin:比较和思考[N].2019-07-06.

[110] Inutu Lukonga. Monetary Policy Implications of Central Bank Digital Currencies: Perspectives on Jurisdictions with Conventional and Islamic Banking System [R]. IMF WorkingPaper, March 2023.

[111] High-level Policy Roundtable on Central Bank Digital Currencies: The Role of the Public Sector in Money and Payments—A New Vision. IMF Managing Director's Press Statement. June 19, 2023.

[112] 赵明晓.货币职能视角下人民币国际化基础设施建设研究[J].大津经济,2022(7):20-27.

[113] 张明,陈胤默,王喆,张冲.如何破解两岸贸易人民币结算的主要障碍?——基于对江苏省昆山市的调查研究[J].国际经济评论,2022(4):48-73+5.

[114] 许再越.运用金融科技更好建设人民币跨境支付系统[J].当代金融家,2022(5).

[115] 徐奇渊.从外汇市场交易时间的角度来看人民币国际化[R].2023. https://mp.weixin.qq.com/s/6Yz6vkjtFWxJWye_xKVTSQ.

[116] 李俊峰,尉迟言秋,苏睿智,刘笑萍.基于国际化战略的人民币跨境贸易结算研究[J].国际贸易,2021(1):57-66.

[117] 宗良,孙雨心.新时代中国银行业全球化的历史跨越[J].中国金融,2022(13):17-19.

[118] 阮立遥,闫彦明.CSD跨境互联模式和制度安排的比较研究与启示[J].债券,2022(1):59-68.

［119］ 沈剑岚．商业银行跨境人民币业务的几点思考［J］．当代金融家，2020
（5）：114-116．

［120］ 李雅君．阻止美国"长臂管辖"的对策研究［J］．中国商论，2022（19）：
113-115.DOI：10.19699/j.cnki.issn2096-0298.2022.19.113．

［121］ 全球海底光缆产业发展研究报告（2023年）［R］．中国信息通信研究
院产业与规划研究所，2023年7月．

［122］ Henry Farrell, Abraham Newman. Underground Empire：How America
Weaponized the World Economy［M］. September, 2023.

［123］ Paul Krugman. Is Washington Overusing Its Most Powerful Weapons？
December 6, 2023.

［124］ 巴曙松，闫昕，董月英．人民币跨境支付系统与SWIFT的协同发展［J］．
国际金融，2022（8）：3-9.DOI：10.16474/j.cnki.1673-8489.2022.08.011．